高职高专汽车类专业创新一体化教材

汽车检测与故障诊断一体化教程
（彩色版配工作页）

主　编　秦志刚　梁卫强
副主编　李　茜　孔春花　王欲进
　　　　李盛福　牛文学
参　编　徐国旗　黄英健　唐龙泉　陈百强

机械工业出版社

本书以整车电控系统常见典型故障为例进行讲解，全书共分为 6 个项目：电控发动机系统、底盘电控系统、车身电气系统、驾驶员辅助系统、信息娱乐系统常见故障诊断与检测和常见诊断分析仪器设备使用技巧。本书以实际维修中常见的典型故障现象为具体工作任务，通过对典型工作任务的学习，读者能够掌握汽车故障诊断的分析方法和诊断思路。

真实故障现象的任务导入让读者直观地感受到汽车维修的真实场景；故障定义和任务目标有助于让读者区分典型工作任务的要点并把握学习方向。对控制策略和诊断思路的讲解是本书的一大特色，将解决典型工作任务所需的理论知识和电控原理整合到控制策略部分，根据实际故障出现频率确定故障诊断流程，并绘制思维导图列入诊断思路，符合实际维修过程，有利于维修人员快速解决汽车故障。

本书可作为高等职业院校及技师学院、应用本科、职教本科汽车维修类专业教材或教学参考书，也可作为汽车维修技术人员学习和技能提升用书。

图书在版编目（CIP）数据

汽车检测与故障诊断一体化教程：彩色版配工作页 / 秦志刚，梁卫强主编 . — 北京：机械工业出版社，2021.12（2025.1 重印）
高职高专汽车类专业创新一体化教材
ISBN 978-7-111-69809-8

Ⅰ.①汽… Ⅱ.①秦… ②梁… Ⅲ.①汽车 – 故障检测 – 高等职业教育 – 教材 ②汽车 – 故障诊断 – 高等职业教育 – 教材 Ⅳ.①U472.9

中国版本图书馆CIP数据核字（2021）第251335号

机械工业出版社（北京市百万庄大街22号 邮政编码100037）
策划编辑：齐福江　　　　　　　责任编辑：齐福江
责任校对：郑　婕　张　薇　　　封面设计：张　静
责任印制：常天培
固安县铭成印刷有限公司印刷
2025 年 1 月第 1 版第 4 次印刷
184mm×260mm・15.75印张・366千字
标准书号：ISBN 978-7-111-69809-8
定价：69.00元（含工作页）

电话服务　　　　　　　　　　　网络服务
客服电话：010-88361066　　　　机　工　官　网：www.cmpbook.com
　　　　　010-88379833　　　　机　工　官　博：weibo.com/cmp1952
　　　　　010-68326294　　　　金　书　网：www.golden-book.com
封底无防伪标均为盗版　　　　　机工教育服务网：www.cmpedu.com

FOREWORD
前 言

  我国汽车产销量多年位居世界第一，汽车保有量的不断增加，给汽车检测与故障诊断带来诸多挑战。汽车故障诊断技师人才紧缺，其中一个重要的原因是多数汽车维修人员对汽车电控系统故障不能顺利排除。本文以故障现象为导向，以汽车售后真实故障排除为例，从故障现象、电控系统控制策略、故障排除思路等方面进行讲解，希望能给汽车故障诊断的学习带来全新的思路。本书侧重于电控系统故障的讲解，读者需要具备一定的专业基础知识，适合有一定汽车维修基础的人员学习。

  本书项目1~5为电控发动机系统、底盘电控系统、车身电气系统、驾驶员辅助系统、信息娱乐系统常见故障诊断与检测。故障实例排查部分借鉴了汽车检测与维修专业技能大赛及汽车运用与维修专业"1+X"证书考核相关要求，排除故障过程规范真实，同时配有实际维修照片、测量波形及电路图等信息。结合本书配套的学习手册中编者精心编写的实训工单，读者可较快地掌握故障诊断与排除方法，也能模拟同类故障进行深入学习；最后部分对每个工作任务进行简单总结，便于读者回顾学习重点。

  本书项目6为常见诊断分析仪器设备使用技巧对目前汽车维修中经常用到且技术含量较高的诊断设备进行了讲解，结合实际维修案例，以便读者能快速掌握并较好地应用到实际维修中，以达到事半功倍的效果。读者在进行整车电控系统故障检查时，如碰到某个工具使用不熟练，可直接对项目相关任务进行重点学习，也可以将项目作为独立章节进行学习。教师可根据学生对检测工具的掌握程度灵活把控本项目课时。

  本书配有演示视频二维码。特别提示：视频二维码使用前，请先扫封底"天工讲堂"二维码并刮卡注册。

  本书由秦志刚、梁卫强任主编，李茜、孔春花、王欲进、李盛福、牛文学任副主编，参编人员有徐国旗、黄英健、唐龙泉、陈百强。

  不足之处，欢迎读者指正。

编 者

"天工讲堂"小程序码清单

序号	素材名称	小程序码	序号	素材名称	小程序码
演示视频1	发动机无法起动的故障诊断与排除		演示视频7	天窗系统无法打开的故障诊断与排除	
演示视频2	发动机废气灯常亮的故障诊断与排除		演示视频8	泊车辅助系统报警的故障诊断与排除	
演示视频3	发动机起动后机油压力报警灯常亮的故障诊断与排除		演示视频9	信息娱乐系统无法开机的故障诊断与排除	
演示视频4	双离合器变速器行驶中耸车的故障诊断与排除		演示视频10	烟雾测漏仪的使用方法与技巧	
演示视频5	ABS/ESP系统报警的故障诊断与排除		演示视频11	手动真空泵的使用方法与技巧	
演示视频6	左后门无法上锁的故障诊断与排除				

特别提示：本书二维码观看前，请先扫描封底"天工讲堂"二维码并刮卡注册。

CONTENTS 目 录

前　言
"天工讲堂"小程序码清单

项目一　电控发动机系统常见故障诊断与检测 ··········001

任务一　发动机无法起动 ··········001
任务二　发动机加速不良 ··········005
任务三　发动机失火 ··········009
任务四　发动机废气灯亮 ··········013
任务五　涡轮增压系统工作不正常 ··········017
任务六　发动机冷却液温度高 ··········023
任务七　发动机怠速不稳 ··········027
任务八　发动机机油压力报警 ··········030

项目二　底盘电控系统常见故障诊断与检测 ··········034

任务一　双离合器变速器无法行车 ··········034
任务二　双离合器变速器换档异常 ··········038
任务三　无级自动变速器起步异常 ··········045
任务四　无级自动变速器行驶中耸车 ··········049
任务五　ABS/ESP 系统报警 ··········052
任务六　空气悬架系统漏气 ··········057
任务七　空气悬架系统无法升降 ··········060
任务八　电动机械式转向系统故障 ··········064

汽车检测与故障诊断一体化教程（彩色版配工作页）

项目三　车身电气系统常见故障诊断与检测·····069

　　任务一　中央门锁无法正常工作·····069

　　任务二　车辆照明/信号灯故障·····073

　　任务三　遥控器工作不正常·····078

　　任务四　空调系统不工作·····082

　　任务五　暖风系统不制热·····086

　　任务六　天窗系统工作不正常·····090

　　任务七　安全气囊系统工作不正常·····095

项目四　驾驶员辅助系统常见故障诊断与检测·····100

　　任务一　车道保持系统工作不正常·····100

　　任务二　自适应巡航系统工作不正常·····106

　　任务三　换道辅助（盲点监控）系统工作不正常·····112

　　任务四　车周摄像系统工作不正常·····117

　　任务五　自动泊车辅助系统工作不正常·····122

　　任务六　夜视系统工作不正常·····129

　　任务七　动态转向系统工作不正常·····135

项目五　信息娱乐系统常见故障诊断与检测·····142

　　任务一　收音机系统工作不正常·····142

　　任务二　音响系统工作不正常·····147

　　任务三　导航系统工作不正常·····151

　　任务四　信息娱乐系统无法开机·····156

项目六　常见诊断分析仪器设备使用技巧 163

　　任务一　烟雾测漏仪的使用方法与应用技巧 163

　　任务二　手动真空泵的使用方法与应用技巧 166

　　任务三　真空表的使用方法与应用技巧 169

　　任务四　示波器的使用方法与应用技巧 173

　　任务五　万用表的使用方法与应用技巧 176

　　任务六　燃油压力表的使用方法与应用技巧 181

　　任务七　排气背压表的使用方法与应用技巧 185

　　任务八　气缸漏气压力表的使用方法与应用技巧 188

参考文献 190

项目一　电控发动机系统常见故障诊断与检测

电控发动机常见故障有很多，也是汽车维修中比较复杂、难度较大的项目，常见的典型故障有发动机无法起动、发动机加速不良、发动机失火、发动机废气灯亮、涡轮增压系统工作不正常、发动机冷却液温度高、发动机怠速不稳、发动机机油压力报警。

任务一　发动机无法起动

任务导入

王先生驾驶一辆奥迪A6L汽车回家，途中车辆熄火停车，王先生尝试再次起动车辆时，车辆无法起动，随后王先生呼叫救援，4S店技术人员将车辆拖至店内进行维修。

一、故障定义

发动机无法起动：指点火开关可以正常打开，但车辆无论处于冷车和热车都无法起动的故障现象。发动机无法起动的两种状态：起动机不能转动、起动机转动发动机不能起动。

二、任务目标

1. 知识目标

1）能够描述故障类型和特点。
2）能够描述发动机正常起动的必需因素。
3）能够描述发动机无法起动的故障诊断分析思路。
4）能够识别和使用检测本故障所需的专用工具和设备。

2. 技能目标

1）能够准确识别故障现象。
2）能够应用诊断方法分析不能起动的故障原因。
3）能够正确使用仪器与设备进行检查与分析。

三、发动机正常工作的必需条件

1. 足够的气缸压缩比

气缸压缩比是指燃烧室容积与气缸总容积（燃烧室容积+气缸容积）之比，通过气缸压力表来测量。正常汽油机的气缸压力在 12~13bar（$1bar=10^5Pa$），也有发动机的气缸压力高达 17bar。具体标准参照相关车型维修手册，但无论哪种发动机，各缸缸压之间的压差都不应超过 3bar。发动机正常工作时气缸压力不会突然下降，但单个气缸压力可能会因气门故障或是活塞环故障突然下降。单个气缸压力下降一般不会引起发动机无法起动，只能导致发动机起动后怠速抖动和发动机加速不良。足够的气缸压力是发动机正常工作的前提条件。

2. 正确的配气正时和点火正时

配气正时是指气门的开启角度与曲轴转角的相对位置必须保持一致，若配气正时不准则可能会导致发动机无法起动、发动机抖动甚至会导致气门与活塞干涉的重大事故，所以必须保证发动机的机械配气正时是正确的。现在汽车点火正时都是通过曲轴位置传感器和凸轮轴位置传感器来检测相关位置，并将传感器信号传给发动机控制单元，进而控制点火线圈通过火花塞点火。现在车辆传感器基本都采用了线束插接器连接，所以汽车点火系统已经很少出现正时错乱的故障了。

3. 合适的混合气

汽油发动机理论空燃比都是控制在 14.7∶1 左右，但不同的发动机工况空燃比也是不同的。如在冷起动时就是根据水温传感器和进气温度传感器的信号，然后根据喷油脉宽控制图谱中的喷油量进行喷油，此时的混合气是偏浓的混合气。但在环境温度高于 20℃时起动，并不需要太浓的混合气，此时如果因喷油器或高压泵滴漏导致混合气浓，反而会出现热车不容易起动的现象。

4. 强烈的电火花

目前汽车发动机上影响电火花能量的主要因素是点火线圈和火花塞，汽油发动机大都采用单缸独立点火系统，每缸都有一个点火线圈。所以点火线圈与火花塞同时损坏的可能性非常小，只有点火线圈的供电、搭铁或控制方面出现问题时才会导致点火系统无法工作。

四、发动机无法起动诊断思路

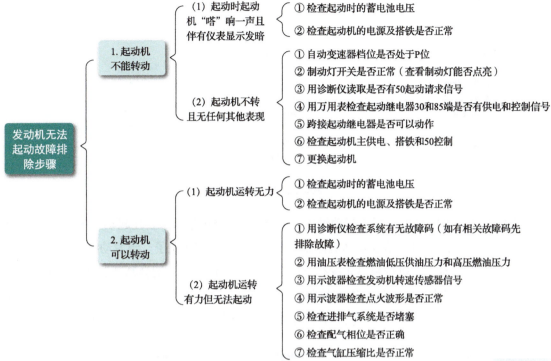

五、故障实例排查

1. 问询、记录车辆信息

车型	C7 2.5L	发动机型号	CLX	变速器型号	0AW	行驶里程	207856km
故障现象	奥迪 A6L-C7 无法起动					故障频率	有时

演示视频1

2. 故障现象确认

再次起动车辆，起动时能听到"嗒"的一声，仪表显示正常，但发动机不能转动。

3. 诊断分析

工具准备：万用表、插针、诊断仪、通用工具。

在起动时能明显听到起动机有"喳"的一声，同时仪表指示灯亮度没有发生变化。从上面的信息初步分析起动继电器已经闭合，起动机也已经工作；可能是由于起动机的单向离合器打滑导致无法带动发动机转动。为保险起见用诊断仪检查，发现在 01 发动机里有故障码"P305400 起动机不能转动 机械卡死或电气故障主动/静态"，如图 1-1 所示。

故障存储器记录
编号：
故障类型2：　　　　　　　　　　　　　　P305400：起动机不能转动 机械卡死或电气故障
症状：　　　　　　　　　　　　　　　　　主动/静态
状态：　　　　　　　　　　　　　　　　　10449
＋ 标准环境条件：　　　　　　　　　　　 11100101
－ 高级环境条件：

发动机转速	0.0	rpm
标准负荷值	0.0	%
车速	0	km/h
冷却液温度	59	℃
进气温度	43	℃
环境气压	900	mbar
端子30电压	11.374	V

图1-1　发动机控制单元内的故障码

从图1-2中可以看出，两个起动继电器都闭合后，50电源除去往起动机的吸力线圈50端子外，还有一路50电源给到发动机控制单元J623的T94/77端子。当发动机控制单元J623收到50反馈信号且发动机控制单元没有收到发动机转速信号时，就会判断起动机机械卡死或是电气故障。所以当用诊断仪检查有故障码"P305400起动机不能转动机械卡死或电气故障主动/静态"时，应用万用表检查起动机50端子处有无50起动电源及起动机的30常电源和

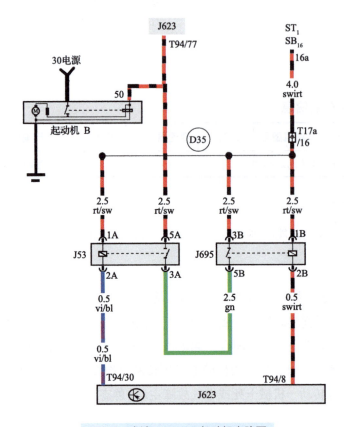

图1-2　奥迪A6L-C7起动机电路图

发动机搭铁是否可靠。经检测，起动时50端子电压正常，30常电源电压正常，发动机搭铁可靠，因此推断是由于起动机内部的单向离合器打滑导致的故障。

4.排除故障与总结

该故障理论上可以通过更换起动机齿轮来解决问题，但由于起动机是作为备件提供的最小件，所以需更换起动机总成。更换起动机总成后试车，可以成功起动发动机，故障排除。

对于类似故障，通过起动时观察仪表指示灯亮度是否变暗、起动机在起动时是否有声音，再配合诊断仪检查是否存在相关故障码，然后用万用表检查相关电源和搭铁是否正常，即可确定故障原因。

六、总结

1）发动机正常工作的必需条件有足够的气缸压缩比、正确的配气正时和点火正时、合适的混合气、强烈的电火花。

2）发动机不能起动的两种状态：起动机不能转动、起动机转动发动机不能起动。

3）发动机无法起动是指冷热车工况都无法起动。

任务二　发动机加速不良

任务导入

张先生在驾驶奥迪A6L-C7车辆上班途中，突然发现车辆加速性能变差，同时仪表EPC灯点亮，随后，张先生驾车来店维修。

一、故障定义

发动机加速不良：在车辆行驶过程中，驾驶员能明显感觉到加速时发动机动力不足，有时发动机EPC灯也会点亮。

二、任务目标

1.知识目标

1）能够描述故障类型和特点。

2）能够描述影响发动机加速不良的原因。

3）能够描述发动机加速不良的故障诊断分析思路。

4）能够识别和使用检测本故障所需的专用工具和设备。

2. 技能目标

1）能够准确识别故障现象。

2）能够应用诊断方法分析加速不良的故障原因。

3）能够正确使用相关仪器与设备进行检查与分析。

三、引起发动机加速不良的主要因素

1. 燃油压力供给不足

现代以汽油机为动力的汽车的燃油喷射系统无论是进气歧管喷射还是缸内直喷都是在燃油压力确定的情况下，通过精确控制喷油脉宽来控制空燃比的。当燃油压力偏低时，单位时间内喷油量无法精确控制，所以会出现加速不良的现象。

2. 电控系统故障

电控系统通过传感器来收集车辆相关信号的变化。当主要负荷传感器信号出现偏差时，电控点火系统的点火能量不足、电气执行元件无法精确执行相关动作或发动机控制单元出现故障时都有可能出现加速不良的故障。

3. 发动机进排气系统堵塞

在车辆售后维修中经常会遇到因进排气系统出现堵塞，引起进气不足导致燃烧不完全而出现动力不足的现象。例如，当空气流量传感器或进气压力传感器的测量通道发生堵塞时，空气流量传感器给发动机控制单元反馈的进气量就很小，因电控系统是根据进气量来调节喷油量的，故发动机会出现加速不良现象。

4. 发动机配气正时存在错误

现代发动机大都采用了可变配气相位调节系统，所以配气相位稍有错误就可能影响到发动机起动、怠速和加速工况。这种情况既可能是机械配气相位不正确，也可能是电控配气相位调节系统的故障。

5. 发动机气缸压力低

当发动机气缸压力低，小于标准缸压值时，会导致发动机做功性能变差，使车辆出现加速不良现象。这种故障是典型的损耗性故障，一般在行驶里程 10 万 km 以下的车型上很少见到。故障现象表现为渐进性，在实际检查过程中可以通过气缸压力表来检查各缸压力是否正常。

四、发动机加速不良诊断思路

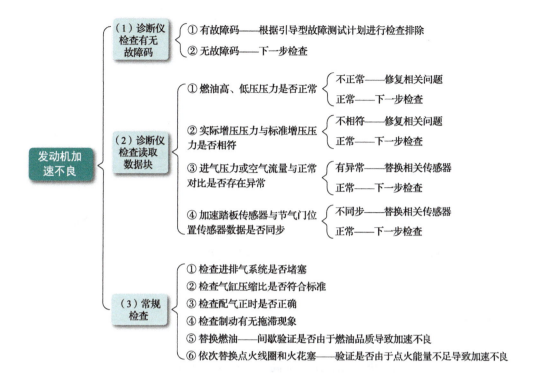

五、故障实例排查

1. 问询、记录车辆信息

车型	C7 2.5L	发动机型号	CLX	变速器型号	0AW
VIN	LFV5A24GXG3******			行驶里程	80694km
故障现象	奥迪A6L-C7发动机加速不良,仪表EPC灯亮			故障频率	一直持续

2. 故障现象确认

驾驶车辆进行试车,当车速超过70km/h时,明显感觉到加速无力,继续加速,车速维持在90km/h左右,仪表EPC灯常亮,确认为加速不良故障。

3. 诊断分析

工具准备:通用工具、诊断仪、燃油压力表、抹布。

用诊断仪检查,01发动机控制单元里有故障码"P112800气缸列1,混合气调校(乘法式)系统过稀主动/静态;P113000气缸列2,混合气调校(乘法式)系统过稀主动/静态;P008700燃油油轨/系统压力过低主动/静态"的故障记录。首先通过诊断仪和燃油压力表读取燃油低压系统压力,如图1-3所示,低压燃油压力处于正常范围内。

通过诊断仪读取高压燃油压力,如图1-4所示,数据显示高压燃油压力几乎和低压燃油压力相同。根据引导型测试计划提示,若压力不正常则更换燃油压力传感器 G247。

图 1-3　低压燃油压力正常 　　　　　　图 1-4　高压燃油压力异常

根据以上检查数据分析,导致该故障的可能原因有两个:①燃油压力传感器 G247 失效;②燃油高压泵内泄,无法建立高压。

4. 排除故障

由于燃油压力传感器安装在燃油导轨上,需拆下进气歧管方可更换。决定先替换燃油高压泵。更换高压泵后读取高压燃油压力数据,如图 1-5 所示,显示燃油高压数据正常。

利用诊断仪清除故障码,重新起动车辆,进行试车,车辆加速性能恢复正常,仪表显示正常,故障灯不再点亮,故障排除。

5. 总结

图 1-5　更换高压泵后高压压力正常

由于高压燃油泵存在泄压导致无法建立所需的燃油压力,此时喷油量无法精确控制导致混合气稀,进而导致发动机加速不良,此案例采用替换法快速地排除了故障。

六、总结

1) 发动机加速不良的主要原因有燃油压力供给不足、电控系统故障、发动机进排气系统堵塞、发动机配气正时存在错误和发动机气缸压力低。

2) 发动机加速不良是指行驶过程中能明显地感觉到加速时发动机动力不足。

3) 诊断检查时应先使用诊断仪读取系统故障码,然后读取相关传感器的数据块,遵守故障码优先的原则,最后再进行常规检查。

任务三 发动机失火

任务导入

王先生最近发现自己的奥迪 A6L-C7 车辆在正常行驶过程中,有时急加速时 EPC 灯会点亮,接着会出现加速不良、发动机抖动的故障现象,熄火重起发动机后又可以暂时恢复正常。随后王先生驾车来店维修。

一、故障定义

发动机失火:指发动机单缸或多缸不能正常点火的故障,主要表现为怠速不稳或行驶中有明显的耸车现象,用诊断仪检查发动机控制单元时往往会有单缸或多缸失火记录。

二、任务目标

1. 知识目标

1)能够描述故障类型和特点。
2)能够描述发动机失火的控制策略因素。
3)能够描述发动机失火诊断分析思路。
4)能够描述单缸失火和多缸失火的差别。
5)能够识别和使用检测本故障所需的专用工具和设备。

2. 技能目标

1)能够准确识别故障现象。
2)能够应用诊断方法分析发动机失火的故障原因。
3)能够正确使用仪器与设备进行检查与分析。

三、发动机失火的控制策略与分类

1. 发动机失火的控制策略

发动机监控失火是通过检查曲轴位置传感器的转速波动来初判处于做功和进气行程的两个缸单位时间内转速偏差,之后再通过凸轮轴位置传感器来精确判断是哪一个缸处于做功行程,从而准确判断发动机是否存在失火。失火会使未燃烧的混合气排到大气中,从而使发动机功率下降、废气质量变差,更严重的是还会使得三元催化器过热而损坏。如果因发动机失火使废气排放超过了车载诊断系统(European On-Board Diagnostics,EOBD)的废气排放极限值，那么废气警告灯 就会一直亮着。由于发动机失火可能损坏三元催化器，因此当发动机处于比较危险的负荷 - 转速范围时，废气警告灯会先闪烁，随后相应气缸的燃油供给马上就被切断了。

2. 失火的分类

根据诊断仪检查只有某一个气缸报失火的故障，并且失火的气缸不因发动机工况变化而变化叫单缸失火；而诊断仪报两个气缸以上失火或不定缸失火，我们把它叫多缸失火。

3. 失火的可能原因

从失火的控制策略就可以看出，失火主要是由于某缸或某几缸的做功功率下降而产生的。影响发动机功率的因素有进气是否充足、排气是否堵塞、燃油喷射量是否正常、点火能量是否足够、气缸压力是否正常以及燃油品质是否存在爆燃（辛烷值偏低）和配气正时是否正常。其中，配气正时不正确时会产生相应的故障码，所以既有失火故障又有配气正时不正确的故障时，应首先排除配气正时的故障。

四、发动机失火诊断思路

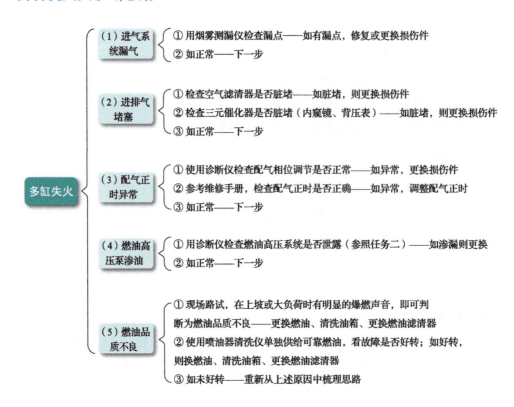

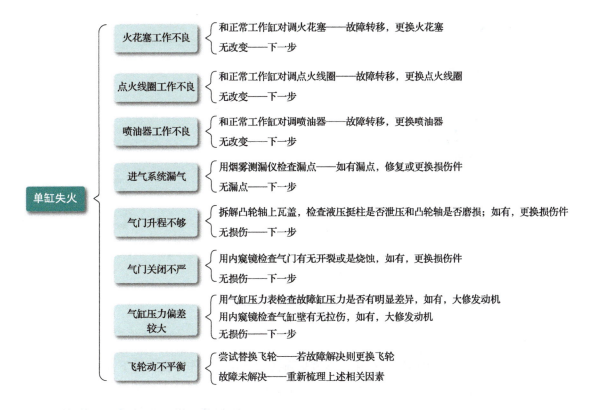

五、故障实例排查

1. 问询、记录车辆信息

车型	C6 3.0T	发动机型号	CAJA	变速器型号	09L
VIN	LFV6A24F893******			行驶里程	225896km
故障现象	A6L-C7发动机怠速不稳，客户反映在行驶中急加速有时EPC灯 亮，接着出现加速不良、发动机抖动的故障现象。熄火重起发动机后暂时可以恢复正常			故障频率	偶发多次

2. 故障现象确认

驾驶车辆多次进行试车，当车速在70km/h以上进行急加速时EPC灯会点亮，加速不良现象出现，减速停车后发动机抖动明显。用诊断仪检查，01发动机控制单元里有故障码"P0306气缸6检测到不发火静态和P0300检测到不发火静态"，故障码可以清除（图1-6）。路试发现故障可以重现，初步检查分析后判断是单缸失火故障。

3. 诊断分析

工具准备：通用工具、诊断仪、气缸压力表、火花塞内窥镜、烟雾测漏仪。

引起单缸失火的可能原因有火花塞损坏、点火线圈失效、喷油器失效、液压挺柱失效、气缸压缩比不正常。

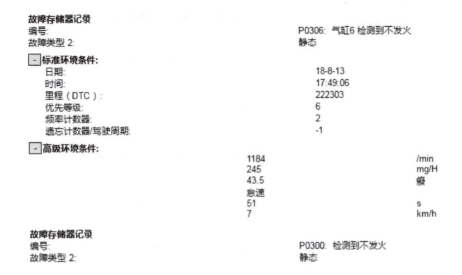

图1-6 发动机控制单元内的故障码

4. 排除故障

该车上次保养时刚更换过火花塞，难道是新换的火花塞工作不良？拆下6缸火花塞没有发现明显问题，尝试替换6缸火花塞后试车，故障没有出现。但客户行驶不到300公里再次反映故障出现，进站检查又是6缸失火。为尽量一次解决问题，进一步做了全面检查。检查气缸压力，各缸压力差在1bar之内；尝试对调点火线圈，故障仍可重现；对调1列和2列喷油器，没有效果；拆下气门室盖检查液压挺柱，未发现明显故障（观察角度不是非常理想）；检查第2列三元催化器，没有堵塞现象；再次更换6缸火花塞后故障短时又试不出来。难道是6缸点火线圈工作不正常，工作一段时间后将火花塞击穿了？出于这种考虑，将6缸点火线圈也一起更换。经过跟踪发现车辆在行驶300km左右时故障再次出现。

经与客户协商，将车留在站内详查，在与客户沟通过程中又得到一个信息"该车1个月左右就需要添加0.5L左右的冷却液"。决定在发动机冷态下进行加压测试，将冷却系统加压1.5bar。经过12h后检查冷却系统外围没有渗漏，拆下机械增压器，没有发现进气道有冷却液痕迹。拆下所有火花塞，用内窥镜检查发现6缸活塞顶部有反光现象且6缸火花塞有湿潮的现象。分析认为可能是缸垫冲床或是气缸盖有沙眼。拆解气缸盖发现6缸活塞发亮，有明显进水现象，6缸气缸垫处橡胶密封圈已全部消失（图1-7、图1-8）。更换第2列气缸垫跟踪1个月确认故障排除。

5. 总结

由于气缸垫冲床导致失火的故障并不多见，由于冷却液进入燃烧室，造成火花塞损坏的例子也很少见。该车没有反映冷却液温度高，只在后期和客户沟通中才发现冷却液存在不正常缺失，因此在售后维修入厂接车时应详细问询。

图 1-7 气缸盖有冲床痕迹

图 1-8 气缸垫部分密封材质缺失

六、总结

1）在汽车售后维修中应当重视与客户的沟通、问询，尤其对于疑难杂症的案例更是如此。

2）失火故障分为单缸失火和多缸失火。

3）失火故障应首先用诊断仪检查具体失火类型，然后再根据失火的可能原因按照先电控系统、再发动机机械方面进行逐条排查。

任务四　发动机废气灯亮

任务导入

张先生最近发现自己的爱车废气灯一直在亮，着车后和行驶途中都一直亮，随后张先生驾车来店维修。

一、故障定义

发动机废气灯亮：指车辆仪表废气灯常亮（图1-9），此时尾气排放不达标，该故障一般对发动机整体性能影响较小。

图 1-9 奥迪 A4L-B9 仪表发动机废气灯亮

二、任务目标

1. 知识目标

1）能够描述故障类型和特点。
2）能够描述发动机废气灯点亮的控制策略。
3）能够描述发动机废气灯亮的诊断分析思路。
4）能够识别和使用检测本故障所需的专用工具和设备。

2. 技能目标

1）能够准确识别故障现象。
2）能够应用诊断方法分析发动机废气灯亮的故障原因。
3）能够正确使用仪器与设备进行检查与分析。

三、发动机废气灯（OBD）报警的相关知识

1. OBD 发展历史

OBD 即车载自动诊断系统。该系统根据发动机的运行状况随时监控汽车尾气是否超标，一旦超标，会马上发出警告。当系统出现故障时，故障灯（OBD）或检查发动机（Check Engine）警告灯点亮，同时动力总成控制模块（PCM）将故障信息存入存储器，通过一定的程序可以将故障码从 PCM 中读出。根据故障码的提示，维修人员能迅速准确地确定故障的性质和部位。OBD 已经从第 1 代发展到第 3 代，现在的 OBD 都是根据美国汽车工程师协会（SAE）制定的标准规范执行，各汽车制造企业按照 OBD-III 的标准提供统一的诊断模式。

2. OBD-III 系统主要监控对象

OBD-III 系统主要监控对象为催化转换器功能监测、氧传感器老化、氧传感器电压检验、二次空气系统、燃油蒸发循环系统、泄漏诊断检查、燃油输送系统、燃烧失火检测、CAN 总线所有接入控制单元与排放有关的传感器和执行机构。

3. OBD 系统故障诊断思路

OBD 故障主要反映在尾气排放方面不达标，发动机控制单元会存储导致 OBD 报警的相关故障码。在诊断分析过程中一定要结合每一个系统的工作原理，按诊断仪提示的检查步骤逐项去排查。如发动机失火引起的 OBD 报警，从失火判断的策略我们知道，能够导致 OBD 报失火的四大可能原因有：点火系统故障，导致点火能量不足或断火；燃油供给方面故障，导致混合气浓或是稀；进排气系统故障，导致进气不足或排气不畅；发动机机械故障，导致气缸压缩比低或是配气正时不正确。需要特别注意的是，由于燃油品质导致的 OBD 故障报警是常见故障原因之一，但由于缺乏有效的检查手段，对于怀疑是燃油品质导致 OBD 报警的情

况一般采取使用替代燃油或是对原燃油添加燃油添加剂以达到改善燃油品质的目的。

四、常见 OBD 灯点亮的故障原因

废气灯常亮 → 诊断仪检查：
- P044100 燃油箱通气装置 系统流速不正确
- P218700 燃油计量系统太稀
  → 故障原因是燃油箱蒸气回收系统导致，如炭罐、炭罐电磁阀N80，或是管路堵塞或漏电导致

- P1411 二次空气系统生产能力太低
- P04110 二次空气流故障
- P14230 第1组二次空气系统生产能力太低
  → 故障原因是组合阀和二次空气泵功能故障；空气滤清器、二次空气泵和管路里有异物；密封性或管路变形

- P201500：进气管风门位置/运行控制传感器 不可信信号 → 进气歧管风门电位计失效
- P04200 催化剂系统催化效率低 → 三元催化器失效
- P2177 燃油计量系统在高于怠速时过稀 → 喷油器工作不良
- 其他故障码——根据引导型测试计划检查排除

五、故障实例排查

1. 问询、记录车辆信息

演示视频2

车型	A4L-B9	发动机型号	CWNA	变速器型号	0CK
VIN	LFV3A28W6J3******			行驶里程	2986km
故障现象	奥迪 A4L-B9 行驶中废气灯点亮			故障频率	一直持续

2. 故障现象确认

试驾车辆，发现车辆着车和行驶过程中发动机废气灯 一直点亮，确认为发动机废气灯亮故障。

3. 诊断分析

工具准备：通用工具、诊断仪、手动真空泵、VAS6606 接线盒、万用表。

用诊断仪检查 01 发动机里有故障码"P201500 进气管风门位置/运行控制传感器不可信信号被动/偶发"，如图 1-10 所示。

根据其工作原理，引起该故障的可能原因有以下几种：
1）进气歧管风门驱动真空马达失效或真空管路漏气。
2）进气歧管风门轴存在转动卡滞。
3）进气歧管风门电位计参考电压和信号电压的线路存在断路、短路或虚接现象。
4）进气歧管风门电位计自身存在质量问题。

查询进气歧管风门电位计 G336 相关电路图，如图 1-11 所示。

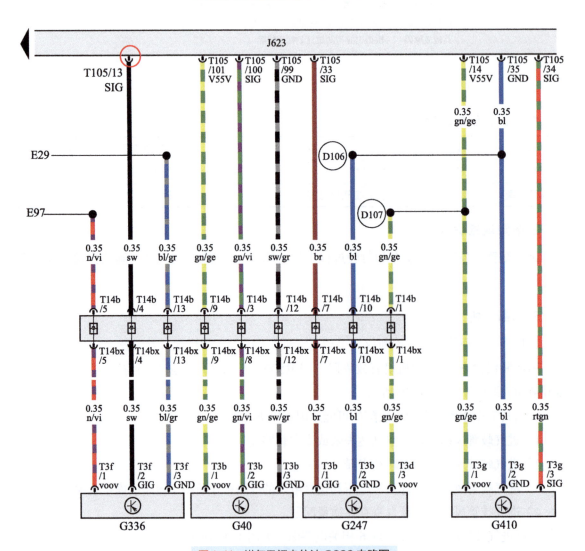

图 1-10　发动机控制单元内的故障码

图 1-11　进气风门电位计 G336 电路图

4. 排除故障

根据引导型测试计划提示使用 VAS6606 接线盒，将 VAS6606 连接在发动机控制单元插接器和发动机控制单元之间。通过手动真空泵驱动进气风门转动读取信号电压实时数据，然后与标准数据比对（真空表操作方式详见项目六）。当然，诊断仪也会提示在未将发动机控制单元插接器安装的情况下检查 G336 所有线路的通断以及线路之间是否互相短路、对地和对正极短路。

经检查，该车在进气风门打开状态时电压为 1.33V，关闭状态时为 3.92V；标准电压在 0~4V 之间，显然与标准值相差较大。更换进气歧管风门电位计 G336 后故障排除。

六、总结

1）OBD 即车载自动诊断系统，是根据发动机的运行状况随时监控汽车尾气是否超标，一旦超标，会马上发出警告。当系统出现故障时，故障灯（OBD）或检查发动机（Check Engine）警告灯亮。

2）OBD 系统监控对象主要有催化转换器功能监测、氧传感器老化、氧传感器电压检验、二次空气系统、燃油蒸发循环系统、泄漏诊断检查、燃油输送系统、燃烧失火检测、CAN 总线所有接入控制单元与排放有关的传感器和执行机构。

3）当 OBD 灯点亮时尾气排放不达标，导致该故障的大部分原因一般对发动机整体性能影响较小。

任务五　涡轮增压系统工作不正常

任务导入

刘先生在驾驶自己爱车的时候感觉车辆加速无力，动力无法正常提升，影响正常驾驶，随后刘先生驾车来店维修。

一、故障定义

涡轮增压系统工作不正常：指配备涡轮增压系统发动机的车辆在加速时出现发动机动力不足或耸车现象，并伴有 EPC 灯亮的故障，用诊断仪检查发动机控制单元会有故障码"增压压力未达到极限或是增压压力超过极限"。

二、任务目标

1. 知识目标

1）能够描述涡轮增压器的故障类型和特点。
2）能够描述引起涡轮增压器增压压力不足的因素。
3）能够描述涡轮增压器故障诊断分析思路。
4）能够识别并掌握检测本故障所需的专用工具和设备使用方法。

2. 技能目标

1）能够准确识别涡轮增压器工作不正常故障现象。
2）能够应用诊断方法分析涡轮增压器工作不正常的故障原因。
3）能够正确使用仪器与设备进行检查与分析。

三、涡轮增压器相关知识

1. 装配增压器的优势

在发动机排量不变的情况下，发动机充气系数越高动力越强劲。为了增大充气系数，发动机配置了不同的进气增压系统。机械增压利用发动机传动带带动增压系统，其特点是增压压力响应性好，但会消耗发动机一部分能量。废气涡轮增压系统是利用废气的能量驱动增压系统，属于能量再利用，更有利于环保，这种增压系统低速时增压压力有迟滞现象，高速时增压效果明显。

2. 废气涡轮增压器工作原理

该装置由两个同轴叶轮组成，这样可以保证两个叶片旋转速度相同，每个叶片在各自相对独立的轮室内运行。为增压系统提供动力的叶片叫作涡轮，与排气管相连，由发动机排出的气体驱动运转，最高转速可达120000rpm；直接驱动进气的叶片叫作泵轮，由同轴的涡轮带动转动，利用其特有的叶片形状将吸进的外界空气加压传送至气缸的进气门。

发动机工作时，排气门排出的高温废气推动涡轮转动，涡轮带动泵轮转动，泵轮吸气加压将新鲜空气送入气缸。为防止泵轮加压后新鲜空气温度升高而使其密度下降，故在泵轮与节气门之间安装了中冷器，经过中冷器冷却后保证了新鲜空气的密度不变低，然后经节气门、进气门流入气缸。随着发动机转速的不断升高，进气增压压力会越来越大，当增大到一定程度后会超过气缸所需压力，同时也会增大进气系统的承载能力，故在排气管至涡轮的路径上安装了废气旁通阀。废气旁通阀的控制部分与增压压力相连，当进气压力过大时，会自动控制废气旁通阀打开，这样流入涡轮的废气就会减少，涡轮转速就不会继续升高，保证了系统稳定运行。

3. 增压空气再循环控制

为避免减速或发动机怠速时涡轮转速降低，在其靠近叶轮一侧装有一个短路阀 N249。该阀是一个电磁阀，受发动机控制单元控制，在收油时打开通向循环通道的气路，从而省去了压缩空气通道，如图 1-12 所示。从该阀进入的空气可以形成一个小循环。这个系统可以使涡轮自由转动，无需产生压力。该装置有助于叶轮保持高速运转，并保证对驾驶员再次提速做出最快的反应。因为此时短路阀 N249 可以迅速关闭，所有的压缩空气再次全部被送入发动机燃烧室内。

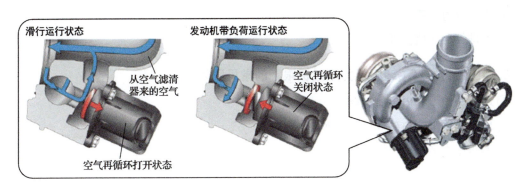

图 1-12　空气再循环

4. 增压压力控制

随着发动机功率的增加，增压压力也相应加大。为不影响发动机使用寿命，应限制增压压力。发动机控制单元通过控制增压压力限制电磁阀，通过真空膜盒打开排气旁通阀，使得部分废气不经过涡轮增压器直接排到消声器中；涡轮转速因此下降，进而增压压力也跟着降低，如图 1-13 所示。

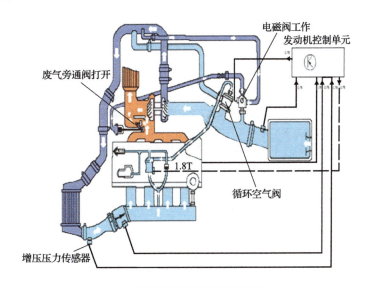

图 1-13　增压压力控制原理

5. 增压压力不足的常见原因

① 涡轮增压循环空气阀故障。

② 涡轮增压器与进气歧管之间存在漏气。

③ 增压压力限制电磁阀软管故障。

④ 增压压力限制电磁阀故障。

⑤ 增压压力调节真空马达或驱动机构存在故障。

⑥ 增压压力旁通阀存在泄漏。

⑦ 增压压力传感器损坏。

⑧ 进排气存在堵塞现象。

6. 增压压力过高（增压压力超过极限）的常见原因

① 增压压力限制电磁阀故障。

② 增压压力限制电磁阀软管故障。

③ 增压压力旁通阀卡滞。

四、废气涡轮增压故障诊断思路

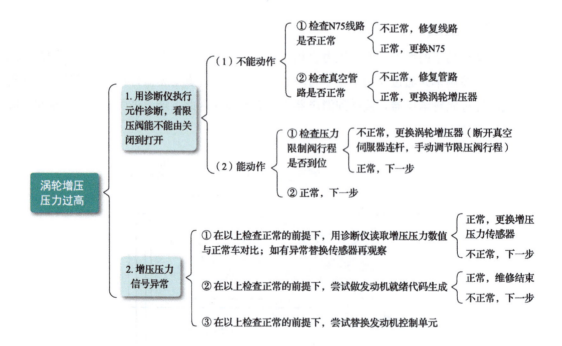

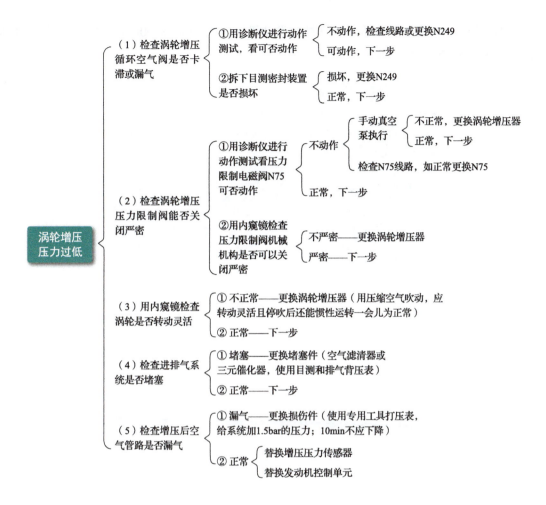

五、故障实例排查

1. 问询、记录车辆信息

车型	奥迪 Q5 2.0T	发动机型号	CAD	变速器型号	0B5
VIN	LFV3B28R0B3******			行驶里程	26453km
故障现象	奥迪 Q5 加速无力			故障频率	一直持续

2. 故障现象确认

起动车辆，该车仪表并没有警告灯点亮，进行路试验证故障。当车速在60km/h左右、挡位在6挡时，急加速发动机发闷，变速器挡位掉为3挡；在爬坡路行驶时只能以1挡缓慢爬行，确认为加速无力故障，综合试车现象认为可能是涡轮增压器存在增压不良故障。

3. 诊断分析

工具准备：通用工具、诊断仪、内窥镜、卡子

用诊断仪检查，发动机控制单元有故障码"P029900 增压压力控制没有达到控制极限"。

根据引导型故障测试计划提示在 3 档时发动机转速在 2500~3000r/min 之间测得的增压压力数据如图 1-14 和图 1-15 所示。

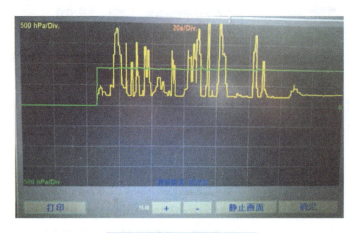

图 1-14　图表显示增压压力

图 1-15　数据显示增压压力

从数据流可以明显看到实际增压压力几乎是在 923mbar 左右不动，也就是说接近一个大气压力，说明进气系统没有增压压力。

4. 排除故障

经过询问得知客户刚更换过三元催化器，所以暂不考虑排气系统堵塞，重点检查涡轮增压器循环空气阀 N249 和增压压力限制阀是否存在漏气。拆下 N249 发现密封环良好，且不存在卡滞现象。为了一次性找到故障原因，拆掉增压器进气侧的进气软管，用内窥镜检查发现进气侧涡轮运转良好，没有卡滞和叶片损坏现象。拆下三元催化器前氧传感器，用内窥镜检查发现涡轮增压器的废气旁通阀存在关闭不严现象（图 1-16）。

用手来回推动旁通阀真空执行器发现，旁通阀没有动作。用内窥镜检查旁通阀和真空执行器连接杆发现已经脱开（图 1-17）。

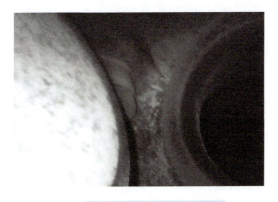

图 1-16 旁通阀无法关闭

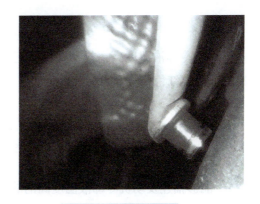

图 1-17 连接杆脱开

拆下增压器,将脱开的旁通阀连接杆装复,并自制一个卡子防止再次脱落;再次路试,发动机加速有力,诊断仪检查不再生成故障码,故障排除。

5. 总结

涡轮增压器旁通阀(增压压力限制阀)连接杆脱开故障很少发生,在排除类似故障时主要通过数据流读取确认当前增压压力是否真的异常。然后根据影响增压的原因逐个检查排除,自然就水到渠成找到最终故障原因。

六、总结

1)废气涡轮增压器是利用排气的能量驱动涡轮旋转并带动同轴泵轮对空气进行压缩,从而提高充气效率的一种增压器。

2)废气涡轮增压器通过循环空气阀来提高增压器的响应性,避免突然关闭节气门对涡轮造成阻滞,不利于下次增压压力响应。

3)废气涡轮增压器通过增压压力限制阀来控制发动机转速较高时进气增压压力过高。增压压力限制阀通过控制排气旁通阀打开,使一部分废气不经过涡轮增压器的涡轮直接通过排气管排出。

任务六 发动机冷却液温度高

任务导入

张先生的奥迪 A4L-B8 车辆起动后不久,仪表突然显示冷却液温度高并伴有冷却液温度警告灯闪烁。随后张先生打电话咨询了 4S 店,根据建议张先生初步检查了冷却系统的上水管温度,温度并不高且冷却液液位正常,风扇也可以高速运转。随后将车辆开至 4S 店进行维修。

一、故障定义

发动机冷却液温度高:指发动机在正常运行过程中仪表冷却液温度表指示超过110℃或是冷却液温度红色警告灯闪亮的故障。

二、任务目标

1. 知识目标

1)能够描述发动机冷却液温度高的故障类型和特点。
2)能够描述导致发动机冷却液温度高的可能因素有哪些。
3)能够描述发动机冷却液温度高的故障诊断分析思路。
4)能够识别并且会使用检测本故障所需的专用工具和设备。

2. 技能目标

1)能够准确识别发动机冷却液温度高的故障现象。
2)能够应用诊断方法分析发动机冷却液温度高的故障原因并检查排除。
3)能够正确使用仪器与设备进行检查与分析。

三、发动机冷却系统的相关知识

1. 冷却系统的作用

发动机冷却系统使用冷却液作为冷却介质,主要是将发动机温度保持在85~105℃之间。采用传统节温器控制的冷却系统温度一般控制在87~92℃之间。现在越来越多的车型采用了温度管理系统,这种系统根据发动机工况的不同将冷却液温度控制在85~105℃之间。

传统内燃机的冷却系统还有另外几个作用:①如果乘员舱有加热需求,则通过乘员舱内的暖风热交换器对室内进行加热;②部分带增压系统的发动机增压空气的冷却也通过冷却液进行冷却;③对废气涡轮增压器的本体进行冷却;④对自动变速器的ATF进行加热或冷却;⑤对发动机机油进行散热。

2. 冷却系统的组成

冷却系统主要包括:

由发动机、水泵、节温器(温度控制装置)、涡轮增压器、散热器、各种热交换器、管路和冷却液组成的循环系统。

由冷却液温度传感器、散热风扇、发动机控制单元、散热风扇驱动模块和可控百叶窗等组成的散热控制系统。

由发动机冷却液温度传感器、冷却液液位传感器、发动机控制单元、车载网络和组合仪表等组成的冷却液液位、发动机温度显示及报警的显示系统。

四、发动机冷却液温度高的诊断思路

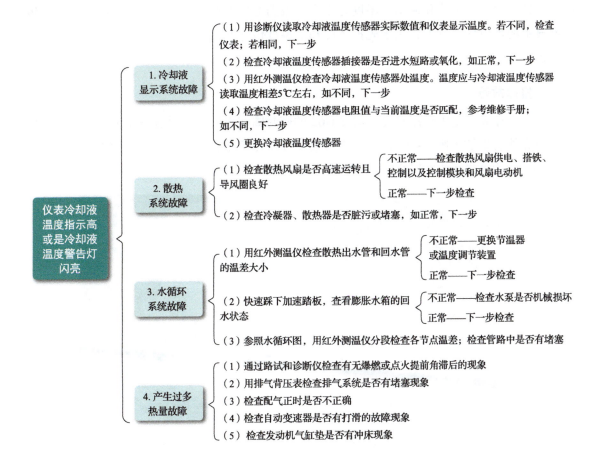

五、故障实例排查

1. 问询、记录车辆信息

车型	B8 2.0T	发动机型号	CUJ	变速器型号	0AW
VIN	LFV3A28K0G3******			行驶里程	25684km
故障现象	奥迪A4L-B8仪表冷却液温度警告灯闪亮			故障频率	一直持续

2. 故障现象确认

起动车辆进行试车，发现发动机刚起动时温度指示就迅速达到116℃，并伴有冷却液温度警告灯闪烁，确认为发动机冷却液温度高故障。

3. 诊断分析

工具准备：通用工具、诊断仪。

用诊断仪读取冷却液温度传感器实际温度为116℃，与仪表显示基本一致（仪表为模拟显示）；读取故障码，发动机电控系统无故障码存储；现场检查发动机刚起动时的温度，温度指示迅速达到 116℃，正常情况下发动机暖机需要 10min 左右，初步分析是温度显示错误。检查发动机出水管和回水管温度并不高，根据上述检查基本可以确定是冷却液温度传感器显示的数值偏差过大，决定先拆下冷却液温度传感器检查其在各种温度下对应的阻值是否正常。

4. 排除故障

拆下冷却液温度传感器 G62，发现 G62 的密封圈在出厂安装时有挤压现象，同时传感器塑料壳体有裂纹（图 1-18）；进一步检查发现在传感器插接器处已有冷却液渗漏的水渍（图 1-19）。更换损坏的冷却液温度传感器后故障排除。

图 1-18　损坏的冷却液温度传感器

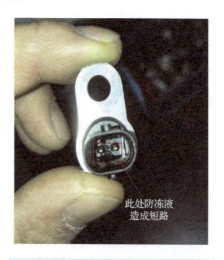

图 1-19　冷却液温度传感器插接器进水

5. 总结

冷却液温度传感器开裂导致在起动后冷却液进入冷却液温度传感器插接器，造成冷却液温度传感器信号线路短路。冷却液温度传感器一般为负温度系数的热敏电阻，也就是温度越高电阻越小，所以冷却液温度传感器信号短路时温度显示会偏高。

六、总结

1）冷却系统的主要作用是将发动机温度保持在 85~105℃之间。采用传统节温器控制的冷却系统温度一般控制在 87~92℃之间。

传统内燃机的冷却系统还有另外几个作用：①如果乘员舱有加热需求，则通过乘员舱内的暖风热交换器对室内进行加热；②部分带增压系统的发动机增压空气的冷却也通过冷却液进行冷却；③对废气涡轮增压器的本体进行冷却；④对自动变速器的 ATF 进行加热或冷却；⑤对发动机机油进行散热。

2）发动机冷却液温度高的可能原因有发动机产生过多的热量、发动机冷却液温度显示系统故障、发动机冷却循环系统故障、发动机冷却液散热系统故障。

3）检修冷却系统时不要贸然打开膨胀水箱盖，应等待温度降低后再打开，否则高温的冷却液可能使人烫伤。

任务七　发动机怠速不稳

任务导入

赵先生向4S店反映，自己的奥迪A6L-C7发动机最近怠速不稳，抖动严重，希望4S店能进行维修。

一、故障定义

发动机怠速不稳：指发动机在怠速时运转不平稳或抖动的故障，此时发动机故障灯有可能会点亮。

二、任务目标

1. 知识目标

1）能够描述发动机怠速不稳的故障类型和特点。

2）能够描述导致发动机怠速不稳的可能因素有哪些。

3）能够描述发动机怠速不稳的故障诊断分析思路。

4）能够识别并且会使用检测本故障所需的专用工具和设备。

2. 技能目标

1）能够准确识别发动机怠速不稳的故障现象。

2）能够应用诊断方法分析发动机怠速不稳的故障原因并检查排除。

3）能够正确使用仪器与设备进行检查与分析。

三、发动机怠速相关知识

1. 发动机怠速的定义和作用

发动机怠速是指发动机不对外输出动力，维持自身稳定的最低转速。发动机怠速工况包括刚起动发动机的暖机怠速、车辆停止时持续给车载电气系统提供供电保障、给乘员舱持续提供空调（冷/暖）、车辆行驶前的预备工况。

2. 发动机怠速不稳的相关因素

发动机怠速不稳的因素主要有：①发动机各缸做功不均匀；②发动机的飞轮动平衡不良；③发动机的橡胶支承或液压支承及排气管吊环存在质量问题，引起发动机振动。

发动机做功不均匀的原因有：①进气系统存在漏气；②喷油器存在堵塞；③气缸压缩比不同；④进气量不均匀；⑤点火能量不足（火花塞或点火线圈）；⑥配气正时不正确。

发动机橡胶支承或液压支承出现开裂或漏油及橡胶由于使用时间较长导致发动机支承的金属元件与副车架干涉，就会将发动机振动通过车身传导放大。

为了消除排气管振动，汽车上都设计有一个螺旋软接，正常情况下发动机带动排气管的振动通过排气管橡胶吊环前后晃动消除。售后维修中常见由于拖底导致排气管吊环支架偏向某一侧变形，此时发动机振动无法通过橡胶吊环消除，而是直接通过车身进行传导放大；此时乘员感受到的是发动机怠速不稳（抖动）。

四、发动机怠速不稳诊断思路

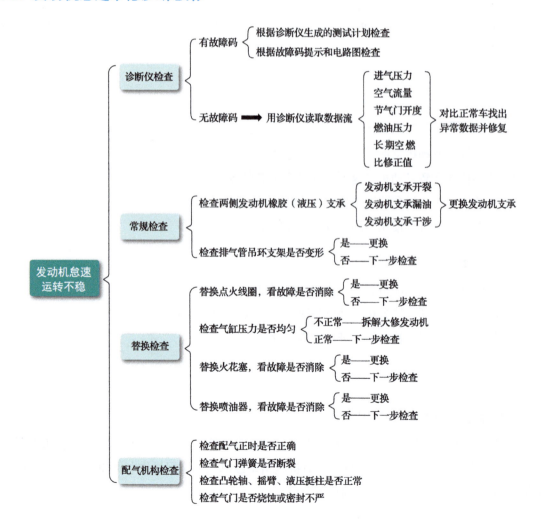

五、故障实例排查

1. 问询、记录车辆信息

车型	C7 2.5L	发动机型号	CLX	变速器型号	0AW
VIN	LFV5A24G2C3******			行驶里程	68532km
故障现象	奥迪A6L-C7发动机怠速不稳			故障频率	一直持续

2. 故障现象确认

起动车辆,发动机怠速时有规律地抖动,发动机转速在800~1000r/min之间波动,运转不平稳,确认为怠速不稳故障。

3. 诊断分析

工具准备:通用工具、诊断仪、燃油压力表、抹布。

该车客户进站报修发动机怠速时运转不平稳,用诊断仪检查相关控制单元无任何故障记录。怠速时就车感觉,该车怠速时感觉各缸做功不均匀;发动机有规律地一下一下抖动,和发动机缺缸故障非常相似。由于发动机控制单元没有故障记忆,决定读取各缸失火记录。该车失火记录在引导型功能里的数据块无法实时捕捉到,只能在"选择自己的测试计划→动力总成→有自诊断能力的控制单元→功能→燃烧断火识别"进行实时检测。测试结果显示6缸有约28次失火记录,说明存在6缸单缸失火的现象。

4. 排除故障

为了更清楚地掌握故障特征,决定进行路试,路试过程发现该车在非怠速工况行驶稳定,无明显的动力不足现象;说明该故障主要在怠速工况时严重。根据之前的分析,试着对调了"火花塞、点火线圈、喷油器",故障没有改善,检查气缸压力,各缸均在11bar左右,相差很小。按单缸失火原因分析,可能是液压挺柱泄压或是气门不密封,决定先拆解凸轮轴,检查液压挺柱。拆解第二列气缸盖凸轮轴后发现6缸排气侧其中一个凸轮顶圆部分和其对应的液压挺柱带摇臂的滚轮产生了不正常的磨损(图1-20)。

图1-20 摇臂滚轮与凸轮均有磨损

根据以往经验,摇臂滚针轴承散落或卡滞会导致失火,检查该车故障摇臂,转动灵活无卡滞现象。分析是凸轮轴或摇臂滚轮出厂加工时可能存在瑕疵,导致它们在相互接触时产生过大阻力造成异常磨损。磨损后的排气凸轮在怠速时存在废气排出量减少的情况,使6缸在怠速时燃烧条件变差,造成发动机抖动和失火。更换6缸排气摇臂和第二列气缸排气凸轮轴后故障排除,重新着车,怠速恢复正常。

5. 总结

该车装配有双可变配气相位和进气侧可变气门升程系统。在急速时采用小凸轮进气较少，同时急速时通过配气相位调节减少废气再循环（也就是废气排出要彻底），提高急速稳定性。而该车由于6缸的一个摇臂滚子和凸轮顶圆处磨损，导致排气门打开时气门升程不足使废气排出不彻底；由于6缸废气较多，恶化了燃烧环境，使发动机产生抖动和失火。

但急速时单位时间内发动机失火没有超过触发故障警告灯的门槛值，所以故障灯并不点亮。而在中小负荷时由于进气量加大，此时控制单元为降低氮氧化物排放，会控制排气门晚开早闭合，使更多废气留在气缸以降低燃烧室温度，所以在中小负荷试车时反而感觉发动机是正常的，且故障灯也不点亮。

六、总结

1）发动机急速是指发动机不对外输出动力，维持自身稳定的最低转速。发动机急速的作用包括刚着车发动机预热、车辆停止时持续给车载电气系统提供供电保障、给乘员舱持续提供空调（冷/暖）、车辆行驶前的预备工况。

2）发动机做功不均匀的原因有：①进气系统存在漏气；②喷油器存在堵塞；③气缸压缩比不同；④进气量不均匀；⑤点火能量不足（火花塞或点火线圈）；⑥配气正时不正确。

任务八　发动机机油压力报警

任务导入

张先生发现自己的爱车有时候在早晨刚起动时机油压力警告灯会亮，等车辆温度高了以后机油压力警告灯又熄灭了。张先生咨询4S店后，驱车来店里维修。

一、故障定义

发动机机油压力报警：指发动机在急速时或正常行驶过程中机油红色警告灯点亮的故障，机油压力警告灯可能会一直亮，也可能偶发间歇性地亮。

二、任务目标

1. 知识目标

1）能够描述发动机机油压力报警的故障类型和特点。

2）能够描述导致发动机机油压力报警的可能因素有哪些。

3）能够描述发动机机油压力报警的故障诊断分析思路。

4）能够识别并且会使用检测本故障所需的专用工具和设备。

2. 技能目标

1）能够准确识别发动机机油压力报警的故障现象。

2）能够应用诊断方法分析发动机机油压力的故障原因并检查排除。

3）能够正确使用仪器与设备进行检查与分析。

三、发动机润滑系统的相关知识

1. 润滑系统的组成

润滑系统包括油底壳（储油室）、机油泵集滤器、机油泵、机油泵压力调节阀、机油油道、机油滤清器、机油压力开关（高/低）、组合仪表等，如图1-21所示。

图1-21 润滑系统组成图

2. 润滑系统的作用

对转动摩擦副进行润滑、对转动摩擦副和活塞进行冷却、密封精密配合偶件之间的间隙、对机油油道内的杂质进行清洁的同时也可以起到防锈的作用。

现代汽车还通过机油压力对液压挺柱、可变配气相位调节器、链条张紧器等液压元件提供基础油压使其能正常工作。

3. 机油压力真实偏低的可能原因

机油油位低、机油泵集滤器堵塞、机油泵无法建立正常油压、机油滤清器堵塞、机油滤清器底座单向阀常开、活塞冷却喷嘴损坏，以及其他原因导致的机油压力泄漏。

四、发动机机油压力报警诊断思路

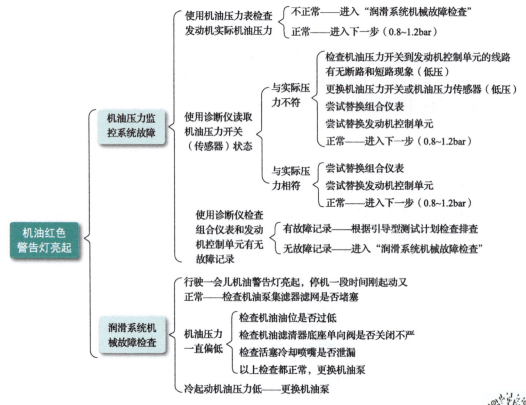

五、故障实例排除

1. 问询、记录车辆信息

车型	Q3 2.0T	发动机型号	DBRA	变速器型号	0BH
VIN	LFV3B28U8H3******			行驶里程	7623km
故障现象	奥迪Q3偶发性冷起动后机油压力报警			故障频率	偶发多次

2. 故障现象确认

着车多次进行试车,发现奥迪Q3确实存在冷起动时机油压力警告灯报警,确认故障为发动机机油压力报警故障。

3. 诊断分析

工具准备:通用工具、诊断仪、机油压力表。

检查机油油位,正常。用诊断仪检查,01发动机里有故障码"P164D00用于较低油压的机油压力开关功能失效被偶发"。由于是偶发故障,诊断仪提示用机油压力表进行检测。初步分析可能是机油泵在冷车时供油压力低或是低压机油开关F378存在线路接触不良或是自身故障。

4. 排除故障

将机油压力表提前接到低压开关F378的位置，在冷车时检查急速时的油压为0.6bar（图1-22）；低于急速时正常的机油压力0.85~1bar（图1-23）。

图1-22　急速时故障压力

由于该车行驶里程较少，润滑系统堵塞的可能很小，断开机油泵压力调节阀，机油压力仍为0.6bar。分析可能是可调机油泵在冷机时存在内部卡滞，导致机油压力不能达到正常值。更换机油泵后，急速时机油压力达到1.6bar，故障解决（图1-24）。

带两个凸轮轴调节器的发动机→Kapitel"凸轮轴调节器"
- 急速时机油压力：0.85~1.6bar
- 机油压力在2000r/min时：1.2~1.6bar
- 机油压力在3700r/min时：1.2~1.6bar

带一个凸轮轴调节器的发动机→Kapitel"凸轮轴调节器"
- 急速时机油压力：0.85~2.3bar
- 机油压力在2000r/min时：2.0~2.5bar
- 机油压力在3700r/min时：2.0~2.5bar

图1-23　发动机标准机油压力范围　　　图1-24　急速时正常的机油压力

5. 总结

本案例中首先检查了机油油位是否正常，然后用机油压力表实测机油压力，当低于标准值时，说明是由于机油泵供油压力低导致F378不能闭合，所以就没有必要再去检查F378线路及本身是否存在故障。本案例中车辆行驶里程很少，润滑系统堵塞的情况基本不会出现，那么故障原因也就只能是机油泵本身了。

六、总结

1）发动机机油压力报警首先应分清是机油压力监控系统故障还是机油压力实际就低。在检查分析该故障时应首先查阅维修手册，了解相关车型的机油油路走向和机油压力在各工况下的正常供油压力是多少。

2）润滑系统的作用包括冷却、润滑、密封、清洁、防锈和为发动机液压元件提供基础油压。

3）发动机机油压力低，机械方面的因素有机油油位低、机油泵集滤器堵塞、机油泵无法建立正常油压、机油滤清器堵塞、机油滤清器底座单向阀常开、活塞冷却喷嘴损坏以及其他原因导致的机油压力泄漏。

项目二 底盘电控系统常见故障诊断与检测

自动变速器从 20 世纪 80 年代开始在汽车上装配，目前在乘用车上的使用已经很普遍。自动变速器类型也从最开始的液力自动变速器演变为电控液力变速器（AT）、电控无级变速器（CVT）和电控双离合器变速器（直接换档自动变速器）3 种主要类型的自动变速器。

目前无级自动变速器主要装配在 2.0L 以下的小排量发动机上，传统 6 速液力自动变速器装在发动机输出转矩相对较小的车型上，而 8 速以上的液力自动变速器则成为一线豪华品牌的不二选择。双离合器变速器虽然诞生时间比较短，但由于其结构简单、制造成本低且兼具手动变速器和自动变速器的特点，目前成为各大主流车型的最佳选择。本项目的自动变速器故障诊断主要以目前市场前景最广的双离合器变速器故障为目标进行阐述。

底盘系统还将为大家讲解空气悬架、电子机械转向系统和车身动态稳定系统（侧倾）的典型故障分析，使故障诊断技术紧跟当前底盘实用新技术。

任务一　双离合器变速器无法行车

任务导入

张先生的爱车奥迪 Q5 在正常停车重新起动挂档后无法行车，同时仪表变速器警告灯点亮，随后张先生打电话向 4S 店求助，维修人员将车拖至店内进行维修。

一、故障定义

双离合器变速器无法行车：指双离合器变速器在 D 位或 R 位时有一行驶方向无法行车或前后均无法行车，同时仪表变速器警告灯有可能会亮起。

二、任务目标

1. 知识目标

1）能够描述双离合器变速器无法行车的故障类型和特点。
2）能够描述导致双离合器变速器无法行车的可能因素有哪些。
3）能够描述双离合器变速器无法行车的故障诊断分析思路。
4）能够识别并且会使用检测本故障所需的专用工具和设备。

2. 技能目标

1）能够准确识别双离合器变速器无法行车的故障现象。
2）能够应用诊断方法分析双离合器变速器无法行车的故障原因并检查排除。
3）能够正确使用仪器与设备进行检查与分析。

三、双离合器变速器相关知识

1. 湿式双离合器变速器

湿式双离合器变速器前进档和倒档离合器采用多片湿式离合器，在换档平顺性方面明显优于干式双离合器变速器，如图 2-1 所示。

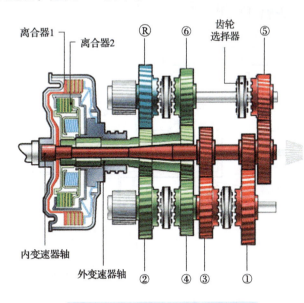

图 2-1 湿式双离合器变速器原理图

这种变速器使用了两个离合器，每个离合器单独运转。一个离合器控制奇数挡位和倒挡，另一个离合器控制偶数挡。当汽车正常行驶时，一个离合器与变速器中的某一挡位相连，将发动机动力传递至驱动轮，与此同时，控制单元根据车辆行驶速度和发动机转速对驾驶员的换挡意图进行预先判断，"预见性"地控制另一个离合器与变速器中下一挡位的齿轮组相连，即可以使变速器相邻两个挡位的齿轮同时啮合，在没有负荷的情况下进入"预接合"状态，负责连接该轴的离合器仍处于分离状态，尚未进行任何动力传输。即加速时让高速挡提前啮合，减速时让低速挡提前啮合，如车辆进入 2 挡后，如果继续加速，3 档齿轮就预挂上，到了 3 挡的车速就通过两组离合器之间切换完成换挡。前一个离合器还没有切断时，后一个离合器已经准备好进入，使变速反应十分灵敏。

2. 双离合器变速器的应急功能（以大众 02E 变速器为例）

如图 2-2 所示，当变速器某一输入轴转速传感器信号中断时，相应的分变速器切断输出；变速器的离合器 K1 或 K2 压力传感器信号中断或没有建立油压时，相应的分变速器切断输出；当变速器油温传感器温度超过 145℃时，切断双离合器的油压供给，此时变速器没有输出；当某一个换档位置传感器出现故障时切断相应分变速器的输出；当某一离合器压力调节阀出现故障时，相应分变速器切断输出；当某一个换档调节电磁阀出现故障时，相应的分变速器切断。当多路转换阀出现故障时可能导致只有一个分变速器工作或无法输出动力；当某一安全调节阀出现故障时，相应的分变速器切断。

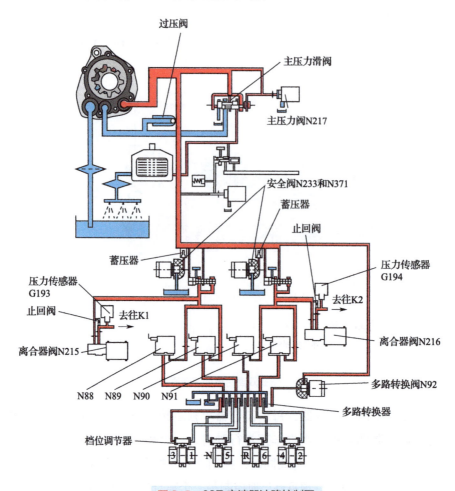

图 2-2　02E 变速器油路控制图

四、双离合器变速器无法行车诊断思路

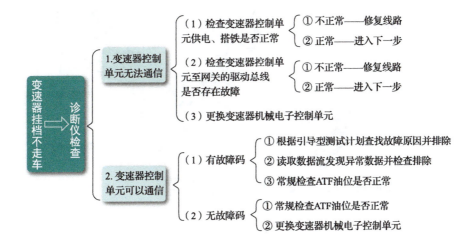

五、故障实例排查

1. 问询、记录车辆信息

车型	Q5 2.0T	发动机型号	CAD	变速器型号	0B5
VIN	LFV3B28R6B3******			行驶里程	53621km
故障现象	奥迪Q5挂档无法行车			故障频率	一直持续

2. 故障现象确认

起动车辆，发动机可正常着车，挂入D位、R位进行试车，车辆均无法行驶，确认为无法行驶故障。

3. 诊断分析

工具准备：通用工具、诊断仪。

用诊断仪检查，02变速器控制单元内有故障码"P071600 变速器输入转速传感器1信号不可信 被动/偶发；P215C00 变速器输入转速传感器信号不可信被动/偶发"。初步分析是输入轴传感器故障，该传感器集成在行驶档位传感器模块内，如图2-3所示。

4. 排除故障与总结

举升车辆挂档加油发现变速器后传动轴可以转动，但前传动轴不转，按照工作原理，后差速器有动力输入时后轮无论哪侧车轮肯定会转动，但此车后轮却没有一个转动。因此分析是差速器内部出现了故障，拆解后差速器，发现后差速器壳体与盆齿之间整体沿环形裂开，如图2-4所示。更换后差速器总成后故障排除。

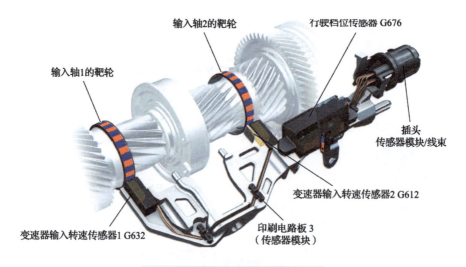

图 2-3 输入轴转速传感器原理图

由于后差速器壳体与盆形齿整体开裂,所以输入轴全部空转;在这种情况下,后轴肯定是不会有动力输出的。正常情况下,全时四驱应该在后驱打滑时前驱也能驱动才对,但本案例中当后部两轮都没有附着力时前驱也不会动作。由于变速器控制单元检测到输入轴转速传感器转速过快而输出轴转速传感器却为"0",所以会报故障码输入轴转速传感器信号不可信。

图 2-4 损坏的后差速器

六、总结

1)双离合器变速器由两个离合器分别控制输入轴 1 和输入轴 2 的动力输入。变速器控制单元根据车辆行驶速度和发动机负荷对驾驶员的换档意图进行预先判断,"预见性"地控制另一个离合器与变速器中下一档位的齿轮组相连,通过两组离合器之间切换完成快速换档。

2)双离合器变速器无论哪个分变速器的重要传感器、控制阀或是油压方面出现问题,都可能导致相应的分变速器关闭进入应急运行状态。

任务二 双离合器变速器换档异常

任务导入

王先生在驾驶自己的爱车时车辆出现异常,当档位达到 5 档时无法继续升档,同时变速器故障灯点亮,随后王先生将车开至 4S 店内进行维修。

一、故障定义

双离合器变速器换档异常：指车辆在行驶过程中变速器出现换档耸车或无法升档，变速器进入应急模式，同时仪表变速器警告灯点亮。

二、任务目标

1. 知识目标

1）能够描述变速器换档异常的故障类型和特点。
2）能够描述导致双离合器变速器换档异常的可能因素有哪些。
3）能够描述双离合器变速器无法升档进入应急模式的故障诊断分析思路。
4）能够识别并且会使用检测本故障所需的专用工具和设备。

2. 技能目标

1）能够准确识别双离合器变速器换档异常的故障现象。
2）能够应用诊断方法分析双离合器变速器换档异常的故障原因并检查排除。
3）能够正确使用仪器与设备进行检查与分析。

三、双离合器变速器相关知识

1. 干式双离合器变速器结构（以大众 0AM 干式双离合器为例，如图 2-5 所示）

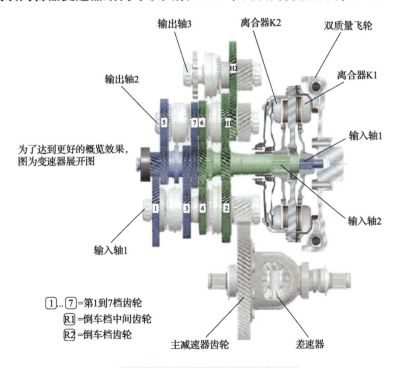

图 2-5 双离合器变速器传动简图

2. 双离合器变速器传动原理

发动机转矩通过双质量飞轮的内齿圈和双离合器支撑环的外齿啮合将动力传输到双离合器内部。主动轮和支撑环通过机械可靠连接,然后转矩从支撑环传到离合器主动轮上。当两个离合器中有一个离合器接合时,转矩会从主动轮传到对应离合器从动盘上,再传到与从动盘相啮合的输入轴上,如图2-6、图2-7所示。

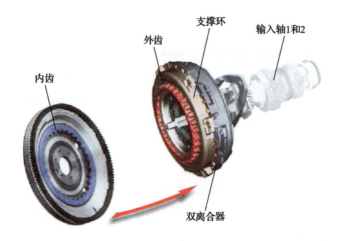

图2-6 发动机－变速器的动力传递

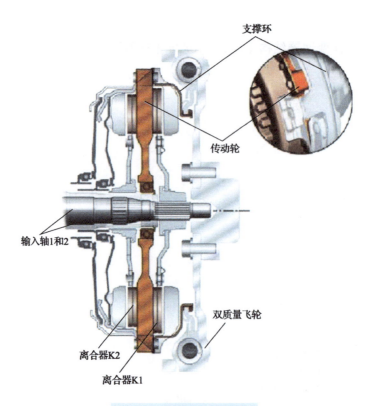

图2-7 干式双离合器结构

1)离合器 K1 接合,发动机与输入轴 1 相连,动力可传递给 1、3、5、7 档齿轮,如图 2-8 所示。

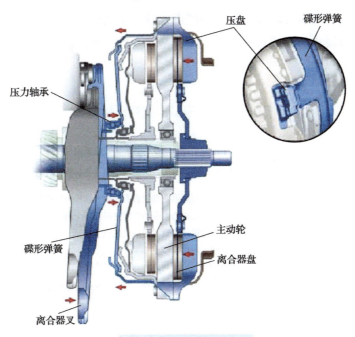

图 2-8 离合器 K1 接合

2)离合器 K2 接合,发动机与输入轴 2 相连,动力可传递给 2、4、6、R 档齿轮,如图 2-9 所示。

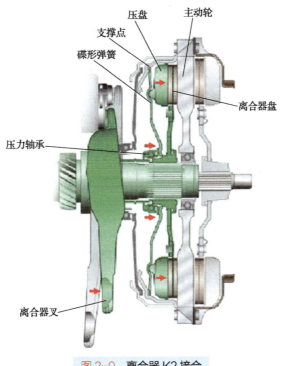

图 2-9 离合器 K2 接合

3. 干式双离合器变速器维护注意事项

干式双离合器变速器在坡道或复杂路况下，频繁起步或换档有可能使离合器摩擦片出现打滑现象；建议在类似路面可以选用手动换档模式减少换档和半离合次数。干式双离合器变速器控制逻辑和应急模式与湿式双离合器变速器基本一致，可以参照湿式双离合器变速器相关内容。

四、双离合器变速器无法升档进入应急模式的诊断思路

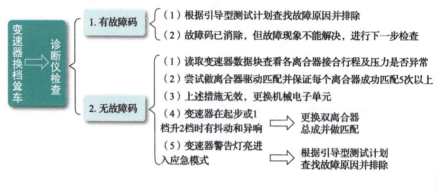

五、故障实例排查

1. 问询、记录车辆信息

车型	A5 2.0T	发动机型号	CYRB	变速器型号	DL382
VIN	AUAFEF54JA******			行驶里程	1537km
故障现象	奥迪A5变速器行驶过程中进入应急状态			故障频率	一直持续

问询：了解该车的维修历史，该车因为事故导致变速器中壳破裂。因无法提供中壳，采用了更换拆车变速器的方法进行修复，但更换拆车件后一直存在D位行驶过程中达到5档或6档时进入应急状态锁止档位的现象。为此，该车前后更换了2个液压控制阀体、1个变速器控制单元J743、1个换档促动器，但故障一直没有解决。消除故障码后可以解除应急状态，但档位到达5档或6档时就会再次进入应急状态。

2. 故障现象确认

起动车辆，挂入D位进行试车，随着车速不断加快，车辆可顺利从1档逐渐升至5档，但是再继续加速时，档位不再升高，同时变速器故障灯报警，但用S位行驶时就不出现此故障。确认为双离合器变速器换档异常故障。

3. 诊断分析

工具准备：通用工具、诊断仪、燃油压力表、抹布。

项目二 底盘电控系统常见故障诊断与检测

用诊断仪检查，02 变速器控制单元内有故障码"P187C00 档位调节器 3 挂档过程不成功 主动 / 静态"或是"P187D00 档位调节器 4 挂档过程不成功主动 / 静态"。诊断仪检测结果如 图 2-10、图 2-11 所示。

```
+ 识别：
- 故障存储器记录 (数据源：车辆)：
    故障存储器记录
    编号：                              P187D00：档位调节器4挂档过程不成功
    故障类型 2：                        主动/静态
    症状：                              22333
    状态：                              10100111
    - 标准环境条件：
        日期：                          19-11-26
        时间：                          15:48:13
        里程（DTC）：                    1596
        优先等级：                       2
        频率计数器：                     1
        遗忘计数器/驾驶周期：            255
    - 高级环境条件：
        发动机转速                      2145              rpm
        档位                            D
        变速箱油温度                    44                ℃
        变速箱输出转速                  662               rpm
        端子30电压                      14.9              V
        发动机转矩                      188               Nm
        接合档位                        5
        控制单元，运行状态              Regular_operation
        变速箱辅助液压泵，要求的功能    Hydraulic_pressure_accumulator_pressure_check
        变速箱辅助液压泵，电流          2                 A
        机油蓄压器，压力                22.4              bar
        离合器1压力，实际值             9.5               bar
        离合器2压力，实际值             0.0               bar
        离合器状态                      Driving    推进
        动态环境数据                    20 96 28 13 12 10 18 E6 BD 70 E1 05 85 13 7B
                                        0B AA 13 7D 06 25 4F 64 03 AF 4F 66 FC 5B
        根据OBD的未学习计数器           40
        Occurrence counter over length of life  16
        档位调节器行程传感器4，位置      -6.7              mm
        变速箱输入转速传感器2           1413              rpm
        Gear_4_synchron_speed           2986              rpm
        Gear_6_synchron_speed           1573              rpm
        4档，校准的端位                 9.43              mm
        6档，校准的端位                 -9.33             mm
```

图 2-10 5 档升 6 档失败

通过实时路试录制数据块视频（实时观察时数据变化太快，有时捕捉不到有效信息），之后放慢视频回放速度，详细检查发现变速器在从 5 档锁档报警前会有一个数据显示档位快速地切换为 6 档且 K2 离合器压力也上升了 8bar 左右，但迅速又回到 5 档和 K1 离合器，此时变速器警告灯点亮进入应急状态。

从历次诊断报告中故障码的高级环境条件可以看出，当报"P187D00 档位调节器 4 挂档过程不成功主动 / 静态"时，换档趋势为"Driving"升档且档位调节器 4 的位置为 -6.7mm，正常情况档位调节器 4 的位置为 -9.33mm，是 6 档挂到位的端位。综上数据说明当时变速器已经执行了 5 升 6 的换档动作，只是因为挂档行程不到位导致挂档失败从而进入应急状态。另外一个故障码"P187C00 档位调节器 3 挂档过程不成功主动 / 静态"产生的故障原因类似，不同之处在于该故障是在 6 档降 5 档时出现挂档行程不到所致。

图 2-11 6档降5档失败

为什么S位是正常的而D位则容易出故障？初步分析认为，因为S位是运动模式，也就是推迟了换档时刻。在换档时发动机转速相对更高，此时变速器的主油压会比D位更高，更容易满足快速换档和转矩传递的需要。

该车ATF已经检查过多次确认没有问题，从变速器已执行挂档但挂不到位的现象来分析，有可能存在以下几方面的原因：①变速器内同步齿套或换档拨叉机构存在卡滞使挂档阻力增大；②机电控制单元有关换档促动器3和4相关油路存在供油压力不足；③换档促动器存在泄压（此部件没有集成在机电控制单元内）。

4. 排除故障与总结

更换一块全新的液压控制阀体后故障排除。本故障由于是更换拆车件导致的，无法确定备件原始状态是否正常，且后期又更换过两块二手阀体、换档促动器以及变速器控制单元，使最开始的故障原因已经混淆。在实际维修过程中盲目换件不可取，只有通过数据分析锁定故障范围，然后使用功能确定正常的备件进行替换才能达到验证的效果。

六、总结

1）换档异常包括换档时耸车、无法升档及变速器进入应急状态。

2）干式双离合器变速器的离合器是在分离拨叉接合时传递动力，此处与手动变速器的离合器控制原理正好相反。

3）干式双离合器变速器的控制策略与湿式双离合器变速器基本一致，在诊断分析思路方面两者可以相互借鉴。

4）干式双离合器变速器剧烈驾驶可能会导致离合器锁止，从而出现无法行车的故障。

任务三　无级自动变速器起步异常

任务导入

李先生发现自己的爱车无法起步行车，随后李先生联系 4S 店，维修人员将车辆拖至店内进行维修。

一、故障定义

无级自动变速器起步异常：指配备无级自动变速器的车辆无论是在 R 位或在 D 位，起步时都存在无法起步或起步耸车的现象。

二、任务目标

1. 知识目标

1）能够描述无级自动变速器起步异常的故障类型和特点。

2）能够描述导致起步异常的可能因素有哪些。

3）能够描述无级自动变速器进入应急状态的原因有哪些。

4）能够识别并且会使用检测本故障所需的专用工具和设备。

2. 技能目标

1）能够准确识别无级自动变速器起步异常的故障现象。

2）能够应用诊断方法分析无级自动变速器起步异常的故障原因并检查排除。

3）能够正确使用仪器与设备进行检查与分析。

三、无级自动变速器相关知识(以奥迪01J变速器为例)

1. 无级自动变速器结构组成

无级自动变速器(Continuously Variable Transmission,CVT)结构组成如图2-12所示。

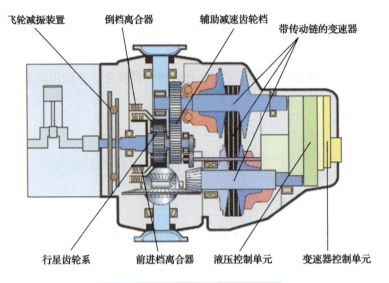

图2-12 无级自动变速器结构组成

2. 动力传递原理

如图2-13所示,以倒档为例,传递路线为:发动机飞轮 ⇨ 太阳轮输入 ⇨ 倒档离合器制动内齿圈 ⇨ 行星齿轮架逆时针输出 ⇨ 辅助齿轮 ⇨ 输入链轮 ⇨ 传动链条 ⇨ 输出链轮 ⇨ 差速器 ⇨ 传动轴。

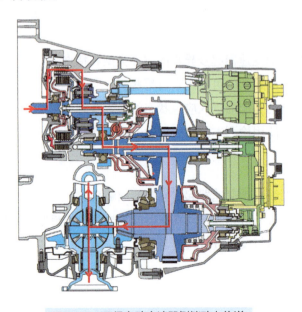

图2-13 无级自动变速器倒档动力传递

3. 无级自动变速器应急模式

当离合器压力传感器 G193 出现故障时，变速器无法输出动力。多功能开关（档位开关）失效，可能会导致变速器无动力输出。变速器油温传感器 G93 失效会导致离合器匹配功能和某些控制功能受限。传感器 G182 用来监测链轮 1 的转速，当该传感器失效时使用发动机转速传感器作为替代值，此时微量打滑且离合器匹配功能失效。传感器 G195 和 G196 监测链轮 2 转速，当其中一个传感器出现故障时使用另外一个传感器的信号；当两个传感器失效时使用 ABS 的轮速信号作为替代值，此时坡道停车功能失效。

四、无级自动变速器起步异常诊断思路

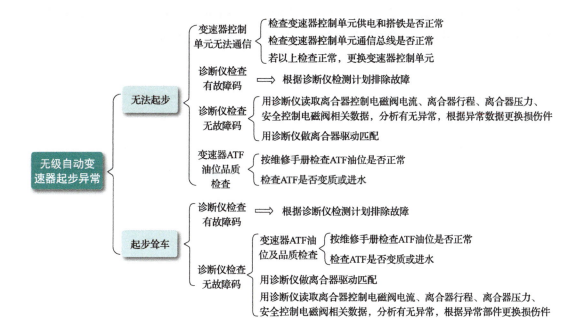

五、故障实例排查

1. 问询、记录车辆信息

车型	奥迪 C7 2.5L	发动机型号	CLX	变速器型号	0AW
VIN	LFV5A24G4J3******			行驶里程	26356km
故障现象	奥迪 A6L-C7 变速器无法起步行车			故障频率	一直持续

2. 故障现象确认

起动车辆，发现车辆无法挂档行车，仪表提示"变速器故障请挂入 P 位"，如图 2-14 所示，该车型配备无级自动变速器，确认为变速器起步异常故障。

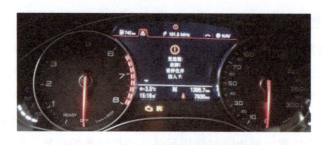

图 2-14 仪表变速器报警提示信息

3. 诊断分析

工具准备：通用工具、诊断仪、万用表。

用诊断仪检查，变速器控制单元 02 内有故障码“P060500 控制单元 ROM 内部系统故障 主动 / 静态”，根据引导型故障测试计划提示直接更换变速器控制单元，如图 2–15 所示。

地址: 0002 系统名: 02 - 变速箱电子设备（0AW Multitronic） 协议改版: UDS/ISOTP (Ereignisse: 1)

[+] 识别:

[-] 故障存储器记录 (数据源: 车辆):

故障存储器记录

编号:	P060500: 控制单元 ROM内部系统故障
故障类型 2:	主动/静态
症状:	2278
状态:	10101111

[-] 标准环境条件:

日期:	19-12-8
时间:	11:02:12
里程（DTC）:	7929
优先等级:	2
频率计数器:	1
遗忘计数器/驾驶周期:	255

图 2-15 变速器控制单元内的故障码

检查变速器控制单元 J217 的供电和搭铁良好，且变速器控制单元插接器没有进水现象。

4. 排除故障与总结

更换变速器控制单元 J217 后，做防盗部件保护、在线编码和离合器驱动匹配后故障消除。对于故障码报控制单元内部损坏的情况，一般检查相关控制单元的供电、搭铁和车载网络系统，如果不存在故障，则应该为控制单元本身的故障。

六、总结

1）CVT 通过改变两个锥形盘的大小来改变传动比，理论上有无数个传动比，所以称为无级自动变速器。

2）奥迪 01J 无级自动变速器通过离合器改变输入轴传动方向，同时具有离合器滑转控制（起步蠕动功能）和传递发动机动力几个功能。

3）无级自动变速器电控系统控制单元、离合器压力传感器和多功能档位开关 F125 出现故障都可能会出现无法起步行车的故障。

任务四　无级自动变速器行驶中耸车

任务导入

张先生的爱车最近在行驶过程中出现一些问题，当车速在 70km/h 左右时有耸车现象，并且仪表变速器警告灯点亮，随后张先生联系了 4S 店，维修人员建议张先生来店维修。

一、故障定义

无级自动变速器行驶中耸车：指配备无级变速器的车辆在 D 位行驶过程中有明显的耸车现象，有时变速器警告灯也会点亮。

二、任务目标

1. 知识目标

1）能够描述无级变速器行驶耸车的故障类型和特点。
2）能够描述导致行驶耸车的可能因素有哪些。
3）能够描述无级自动变速器变速的工作原理。
4）能够识别并且会使用检测本故障所需的专用工具和设备。

2. 技能目标

1）能够准确识别无级自动变速器行驶耸车的故障现象。
2）能够应用诊断方法分析无级自动变速器行驶耸车的故障原因并检查排除。
3）能够正确使用仪器与设备进行检查与分析。

三、无级自动变速器相关知识（以奥迪 01J 变速器为例）

1. 无级变速器变速原理

无级变速器的工作原理是用金属链条在两个直径可变的锥形盘之间传动，而锥形盘的间距可由油压控制。起步时主动锥形盘液压缸没有油压，锥形盘直径在最小端，从动锥形盘液压缸压力在最高状态，所以锥形盘直径在最大端；随着车速的上升，主动锥形盘后侧液压缸压力逐步升高,向中部移动,盘的凹槽逐渐变小,直径随之逐渐增大,从动锥形盘前侧液压缸压力同步减小,向外侧移动,锥形盘凹槽逐渐变大,直径随之逐渐同步变小,而链条的长度保持不变。

当汽车慢速行驶时,可以令主动盘的凹槽宽度大于被动盘凹槽,主动盘的钢带圆周半径小于从动盘的钢带圆周半径,即小盘带大盘,因此能传递较大的转矩,有良好的加速性能。当汽车逐渐转为高速时,主动盘的一边轮壁向内靠拢,凹槽宽度变小迫使钢带升起,直至最高顶端,而从动盘的一边轮壁刚好相反,向外移动拉大凹槽宽度迫使钢带降下,即主动盘钢带的圆周半径大于从动盘钢带的圆周半径,变成大盘带小盘,因此能保证汽车高速行驶时的速度要求,如图2-16所示。链条在两个锥体上绕过的不同周长就可实现不同的传动比,并可以实现在一定范围内任意改变传动比,所以称为无级变速器。

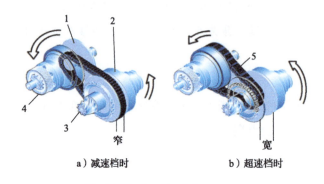

图2-16 无级变速器传动比切换

1—主动链盘　2—从动链盘　3—输出轴的锥形齿轮　4—输入轴的辅助传动齿轮　5—驱动链条

2. 无级变速器的优缺点

无级变速器最大的优点就是传动比在一定范围内无级变速,让你开车再也没有顿挫感,克服了普通自动变速器突然换挡、加速踏板反应慢、油耗高等缺点,使燃油经济性提高10%~15%。

无级变速器的缺点是液压控制元件加工和控制精度高,且由于电气部件和液压控制系统通常需要整体更换,所以维修成本较高。由于靠钢带或链条传递动力,所以无法满足高性能汽车的高转矩要求。无级变速器现在主要装在小排量的经济型乘用车上。

3. 无级变速器行驶中耸车的可能原因

汽车行驶中有耸车现象,此故障多表现在某一车速下急加油变速器有明显耸车现象。故障原因是因为驱动链轮(锥形盘)的压紧力不够,使驱动链条存在打滑现象并拉伤锥形盘。目前大都采用更换损伤的锥形盘(输入或输出链轮)总成和液压控制单元来解决问题。对于锥形盘拉伤的变速器,维修时一定要更换变速器ATF滤清器以及彻底清洁ATF油道和ATF散热器,否则可能再次发生类似故障。

四、无级变速器行驶中耸车的诊断思路

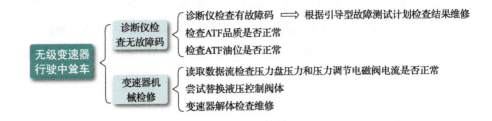

五、故障实例分析

1. 问询、记录车辆信息

车型	C6 2.4L	发动机型号	BDW	变速器型号	01J
VIN	LFV3A24F1B3******			行驶里程	87675km
故障现象	奥迪A6L-C6行驶在70km/h时有明显的耸车现象，仪表变速器警告灯点亮			故障频率	偶发多次

2. 故障现象确认

起动车辆，多次试车，当车辆行驶在70km/h时有明显的耸车现象，仪表变速器警告灯点亮。该车型采用无级自动变速器，确认为无级自动变速器行驶中耸车故障。

3. 诊断分析

工具准备：通用工具、诊断仪、专用工具。

用诊断仪检查，02变速器控制单元内有故障码"P178F 压力调节阀污染"，如图2-17所示，根据引导型故障测试计划检查需要更换液压控制阀体。

图2-17 变速器控制单元内的故障码

4. 排除故障与总结

用 ATF 对自动变速器油路进行至少两次的冲洗。更换液压控制阀体并且匹配离合器，故障顺利消除。该故障码虽然可以删除，且删除后短时故障现象消除，但其本质是由于液压控制阀体内部存在卡滞，所以要更换液压控制阀体并且清洗变速器 ATF 油道，否则会出现返修。

六、总结

1）无级变速器是通过改变主/从动锥形盘之间的间距（相当于改变主/从动锥形盘的直径），通过链条或钢带进行传动。由于两个锥形盘从最小到最大之间理论上有无数个传动比，所以称之为无级变速器。

2）无级变速器最大的优点是换档过程中不存在台阶，也就没有其他变速器的档感；同时由于其可以在绝大部分车辆行驶工况中保持最佳的传动比，所以其节油效果明显。但由于其传动特性限制，不能传递太大的转矩，所以建议装配该类变速器的车辆尽量避免加速踏板踩到底。

3）无级变速器耸车主要是由于锥形盘之间的夹紧力不够，而夹紧力是受锥形盘控制活塞油压控制的。影响锥形盘控制油压的可能原因主要是液压控制阀体或锥形盘液压活塞存在泄压。

4）无级变速器在更换阀体或电子控制单元后一定要进行离合器匹配，否则可能出现严重的换档舒适性故障。

任务五　ABS/ESP 系统报警

任务导入

王先生的奥迪 A4L-B9 在正常行驶过程中，仪表 TPMS/ABS/ESP 等多个故障灯突然点亮，出于安全考虑，王先生找到一处安全地方紧急停车，并咨询了 4S 店，维修人员建议王先生谨慎驾驶，尽快到店维修。

一、故障定义

ABS/ESP 系统报警：指车辆 ABS 或 ESP 警告灯亮起，相关功能无法正常使用的故障。

二、任务目标

1. 知识目标

1）能够描述 ABS/ESP 的故障类型和特点。

2）能够描述导致 ABS/ESP 警告灯亮的可能因素有哪些。

3）能够描述 ABS 的工作原理。

4）能够识别并且会使用检测本故障所需的专用工具和设备。

2. 技能目标

1）能够准确识别 ABS/ESP 灯亮的故障现象。

2）能够应用诊断方法分析 ABS/ESP 系统报警的故障原因并检查排除。

3）能够正确使用仪器与设备进行检查与分析。

三、ABS/ESP 系统相关知识

1. ABS 工作原理

现代汽车为提高在制动过程中车轮的纵向和横向附着系数，缩短制动距离，同时保障车辆的行驶方向，都装配了制动防抱死系统（Antilock Brake System，ABS），由轮速传感器、控制器（ABS-ECU）与执行器（ABS 泵）、制动系统组成。

ABS 控制单元通过实时检测四个轮速传感器，对趋于抱死的车轮进行有针对性的控制，防止车轮抱死产生滑移现象。ABS 通过建压阶段、保压阶段、减压阶段和增压阶段对车轮的制动压力进行精确控制，如图 2-18 所示。

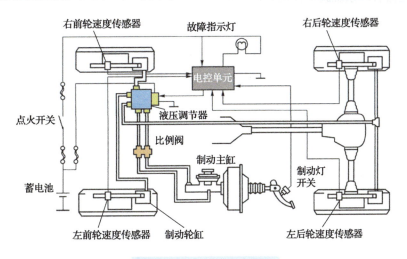

图 2-18　ABS 的结构组成

2. ESP 相关知识

车身电子稳定系统（Electronic Stability Program，ESP）是 ABS 的升级版，ESP 系统由 ESP 控制单元、传感器和 ABS 系统部件组成。ESP 系统能识别车辆在不足转向和过度转向时产生的侧滑倾向，对单个或一侧车轮进行制动，同时减小发动机转矩，帮助驾驶员将车辆稳定在驾驶员期望的路线内。

由于生产公司不同,所以车身电子稳定系统在称谓上有所不同。丰田汽车公司开发的称为 VSC 系统,本田汽车公司开发的称为 VSA 系统,博世公司开发的称为 ESP 系统,日本电装公司开发的称为 DSC 系统,沃尔沃公司开发的称为 DSTC 系统,大陆集团、德尔福、伟世通等企业基本统一称其为 ESC,该系统可帮助驾驶员在紧急制动时避开障碍,避免事故发生。

3. ABS 与 ESP 的关联

只有装配了 ABS 的车辆才有可能升级为带防侧滑系统的 ESP,也就是说 ABS 是 ESP 系统的基础。当 ABS 出现故障时,ESP 系统也一起退出工作状态。但当 ESP 系统出现故障时,ABS 不一定会退出工作状态。

ESP 系统的硬件是在 ABS 的基础上,增加了转向角度传感器、横向偏摆率传感器、横向加速度传感器、纵向加速度传感器和 4 个隔离电磁阀。在软件方面,ESP 系统要求和发动机控制单元、变速器控制单元、转角传感器、空气悬架等相关系统进行实时数据交换,以达到协同工作,降低侧滑的风险。

4. ESP 的控制策略

(1)转向不足

如图 2-19 所示,当车辆出现不足转向,通过对内弧线后部车轮施加相应的制动,并对发动机和变速器管理系统施加控制,ESP 可以阻止车辆向外驶出弯道。

(2)转向过度

如图 2-20 所示,当车辆出现过度转向,通过对外弧线前部车轮施加相应的制动,并对发动机和变速器管理系统施加控制,ESP 可以阻止车辆向内滑移。

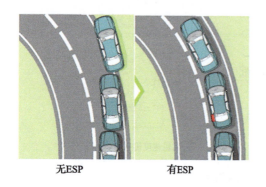

图 2-19 转向不足 ESP 干涉

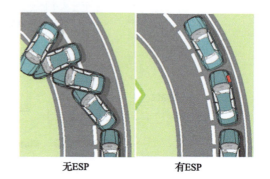

图 2-20 转向过度 ESP 干涉

(3)躲避障碍物

如图 2-21 所示,ESP 系统在车辆紧急避让障碍物或在转弯时出现不足转向、过度转向(不足转向是指转弯半径过大,过度转向是指转弯半径过小,中性转向指转弯半径不变)时,最大限度地保持原有轨迹。即通过横向偏摆率传感器信号得知车辆侧滑的方向、横向加速度传感器信号得知车辆侧滑的距离,通过反向制动(根据横向加速度传感器提供的侧滑距离确定采用单个车轮制动还是两个反向车轮制动，以及确定制动力矩的大小）和限制发动机输出转矩帮助车辆克服偏离理想轨迹的倾向。

图 2-21 躲避障碍物时 ESP 干涉

四、ABS/ESP 系统报警诊断思路

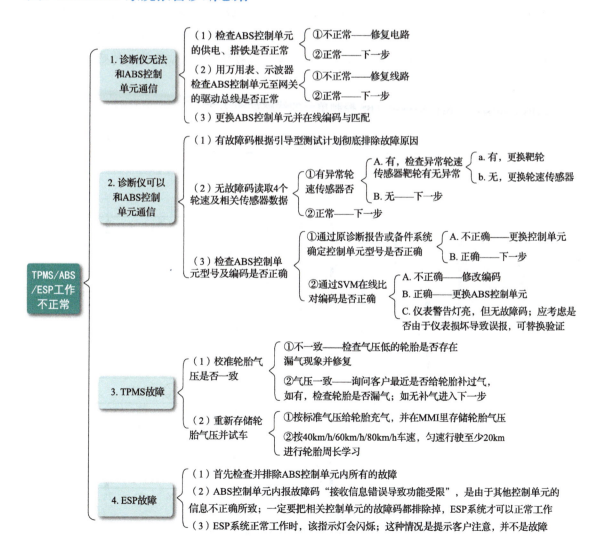

五、故障实例排查

1. 问询、记录车辆信息

车型	C6 2.4	发动机型号	BDW	变速器型号	01J
VIN	LFV4A24FXC3******			行驶里程	3758km
故障现象	奥迪A6L-C6仪表ESP灯常亮			故障频率	一直持续

2. 故障现象确认

起动车辆，车辆仪表ESP灯常亮，确认为ABS/ESP系统报警故障。

演示视频5

3. 诊断分析

工具准备：通用工具、诊断仪、万用表、插针。

用诊断仪检查，在03里有"00493ESP传感器单元无信号/通信"，故障码为静态，无法清除。

由于该车行驶里程较少，初步分析可能原因有：①ESP传感器单元插接器虚接。②传感器到ESP控制单元J104线路存在断路或是虚接现象。③ESP传感器单元内部故障。④ESP控制单元故障。根据维修经验，该车控制单元很少出现故障，重点应先检查传感器至控制单元J104的相关线路。

查阅电路图，轮速传感器至ABS控制单元的线路如图2-22所示。

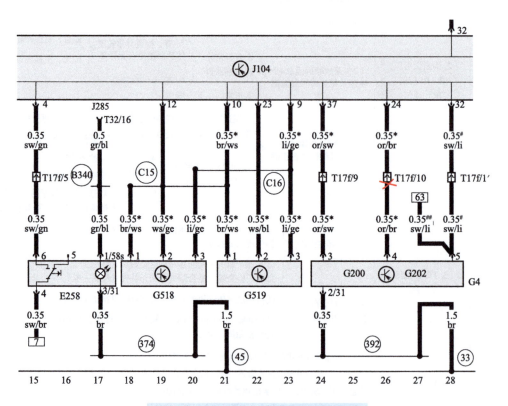

图2-22 传感器控制单元G419相关电路

4. 排除故障

首先拆下中控台的加长件，取下传感器单元 G419 的插接器。详细检查发现该插接器不存在虚接现象。然后取下 ESP 控制单元 J104 的插接器，测量其至 G419 的相关线路，经检查发现 J104 的 24# 针脚至 G419 的 4# 针脚存在断路现象。查阅电路图发现该线（or/br 橘黄色/棕色）是 J104 至 G419 的 CAN 数据线，中间还经过 T17f/10 插接器，该插接器由 17 芯绿色插头连接，位于左侧 A 柱接线板。找到该插接器后发现该线已经从插接器中脱出，修复该插接器后故障排除。

六、总结

1）ABS 的控制阶段分为建压阶段、保压阶段、减压阶段和增压阶段。

2）ABS 的作用是在制动过程中提高车轮的纵向和横向附着系数、缩短制动距离、保障车辆的行驶方向。

3）ESP 主要对过度转向、不足转向、躲避障碍时的几种工况进行干涉调节，保证车辆的正常行驶轨迹。

任务六 空气悬架系统漏气

任务导入

张先生发现自己的爱车经常停放一晚后，前空气悬架降到低位，起动发动机后悬架系统又可以恢复正常高度，随后张先生咨询了 4S 店，维修人员建议到店维修。

一、故障定义

空气悬架系统漏气：指空气悬架在发动机停机后因漏气降到最低，有时在发动机起动后可以充气到正常状态，严重时空气悬架系统在低位时无法正常充气。

二、任务目标

1. 知识目标

1）能够描述空气悬架的组成和结构。

2）能够描述导致空气悬架漏气的可能因素有哪些。

3）能够描述空气悬架的控制策略。

4）能够识别并且会使用检测本故障所需的专用工具和设备。

2. 技能目标

1）能够准确识别空气悬架漏气的故障现象。

2）能够应用诊断方法分析空气悬架漏气的故障原因并检查排除。

3）能够正确使用仪器与设备进行检查与分析。

三、空气悬架系统相关知识

1. 空气悬架系统组成（以奥迪车型为例，图 2-23）

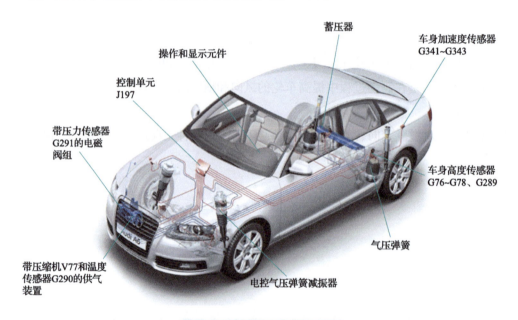

图 2-23　空气悬架系统的组成

2. 空气悬架系统的工作原理

由水平高度控制单元控制电动压缩机工作，形成压缩空气，并将压缩空气送入弹簧和减振器的空气室中，以此来改变车辆的高度。在前轮和后轮的附近设有车身高度、硬度传感器，按车高传感器的输出信号，控制单元判断出车辆高度，再控制压缩机和排气阀，使弹簧压缩或伸长，从而控制车辆高度。

3. 空气悬架常见漏气原因

空气管路漏气，尤其是空气管路在分配阀体和空气悬架的接口处容易漏气；空气弹簧漏气，主要是橡胶活塞开裂或其与减振器密封不良；分配阀体自身漏气，主要是气管接口或是阀体内部密封不严。

4. 空气悬架的控制策略

空气悬架一般有 4 种工作模式，即舒适模式、自动模式、动态模式和举升模式。舒适模式是底盘的基本高度，在此模式下空气悬架无论车速多少都保持基本底盘高度，同时对减振器的调节也是以舒适为目的。自动模式在车速小于 120km/h 时底盘高度是基本高度，当车速超过 120km/h 后底盘高度降低 20cm。动态模式即在基本底盘高度基础上降低 10cm，当车速超过 120km/h 后底盘高度再降低 10cm 进入高速公路模式。举升模式是在基本高度的基础上升高 25cm，如果车速超过了 100km/h，自动脱离举升高度回到基本高度。

四、空气悬架系统漏气诊断思路

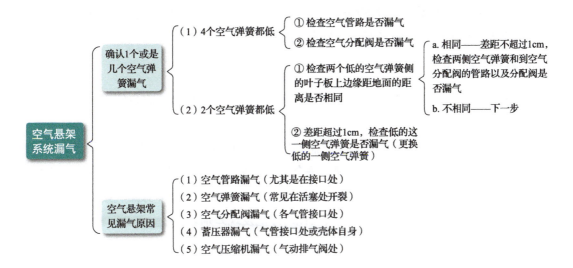

五、故障实例排查

1. 问询、记录车辆信息

车型	C6 4.2L	发动机型号	BAT	变速器型号	09D
VIN	LFV9A24F383******			行驶里程	137127km
故障现象	奥迪 A6-C6L 车辆经常停放一晚后前空气悬架降到低位			故障频率	经常

2. 故障现象确认

客户反映车辆经常停放一晚后，前空气悬架就落到最低了，但只要一起动发动机，空气悬架马上就可以升到正常的工作位置。初步确认为空气悬架系统漏气故障。

3. 诊断分析

工具准备：通用工具、诊断仪、空气悬架测漏表。

用 VAS6150B 检查相关系统无故障存储记录，在这种情况下决定留车观察。但留车一晚后，空气悬架并没有落下。由于客户不能长时间留车观察，在初步检查空气管路的接口没有漏气的情况下，分析可能原因是分配阀或是空气弹簧存在漏气。尝试给客户更换分配阀，客户行驶 3 天后反映空气悬架又降到最低了。在和客户协商后决定留车在服务站检查，经与客户了解得知，客户的车辆一般放在室外，而上次在服务站是放在车间，在温度上有一些差别。将车辆停在室外，到第二天一看果然两前空气悬架降到最低。起动发动机后空气悬架很快升到正常高度，查询相关系统仍无故障码存储。由于更换分配阀未能解决问题，说明故障原因可能是空气管路或是空气弹簧本身；由于之前已检查过空气管路，所以重点检查空气弹簧。

在空气悬架降到低位后，反复检查空气悬架时发现左前空气悬架要略高2~3cm，从侧面可以完全看到轮胎；而右前悬架则下降较多，轮胎已被右前叶子板挡住并不能全部看见。从这个细节证明确实是右前空气弹簧本身漏气，为保险起见，在右前空气悬架和空气管路之间串联一个压力表，当关闭去往分配阀一侧的阀门时压力有明显下降，但关闭去往空气悬架一侧阀门时压力不再下降，证明之前分析判断是正常的。

4. 排除故障与总结

订购一个新的右前空气悬架总成（空气弹簧和减振器），更换后客户使用1个月故障没有再次出现，至此故障排除结束。

由于右前空气弹簧漏气导致两前空气悬架停放一晚后降到低位，因空气弹簧活塞是橡胶的，所以在天气较冷时故障更容易出现。每个空气弹簧都有一个剩余压力保持阀，使空气弹簧内最低有3.5bar的压力（有的车型是3bar），如果不是空气弹簧本身漏气则不会降到最低位；此时两侧高相差不是很大，需要认真去比对才能发现差别。

六、总结

1）空气悬架由空气压缩机、空气分配阀、管路、空气弹簧、可调节减振器、车身高度传感器以及电子控制单元等相关元件组成。

2）空气悬架一般有4种工作模式，即舒适模式、自动模式、动态模式和举升模式。不同车型其控制策略可能存在差异，但总的控制思路都是一样的。

3）空气悬架漏气的主要原因有空气弹簧活塞、管路、分配阀、蓄压器，还有集成在空气压缩机上的排气阀出现故障发生漏气。

4）空气悬架由可变阻尼力减振器和可调空气压力弹簧组合而成。

任务七　空气悬架系统无法升降

任务导入

张先生的爱车在行驶过程中仪表空气悬架报警，且无法通过空气悬架调节按钮调节车身高度。随后张先生驾驶爱车到4S店维修。

一、故障定义

空气悬架系统无法升降故障：指空气悬架在使用时出现不能调节的功能故障，有时会点亮空气悬架警告灯。

二、任务目标

1. 知识目标

1）能够描述空气悬架的组成和结构。
2）能够描述导致空气悬架漏气的可能因素有哪些。
3）能够描述空气悬架的控制策略。
4）能够识别并且会使用检测本故障所需的专用工具和设备。

2. 技能目标

1）能够准确识别空气悬架漏气的故障现象。
2）能够应用诊断方法分析空气悬架漏气的故障原因并检查排除。
3）能够正确使用仪器与设备进行检查与分析。

三、空气悬架系统相关知识

1. 剩余压力保持阀

如图 2-24 所示，在每个空气悬架支柱上都有一个剩余压力保持阀，它直接安装在空气接口上，该阀用于保证空气悬架内总能保持至少约 3.5bar 的压力（A8 D4 为 3bar）。这样就可最大限度地避免在仓储和装配时发生损坏的可能。剩余压力保持阀是一个弹簧/膜片阀，当空气弹簧内压力超过 3.5bar 或是管路中压力超过 3.5bar，都可以使膜片上移，压缩弹簧使空气弹簧和外界的管路接通进行泄压。所以如果不是空气弹簧本身泄漏，则应该在空气弹簧内至少有 3.5bar 压力，在这种情况下车身并不会降到最低。

图 2-24 剩余压力保持阀

2. 空气悬架系统的调节策略

1）车辆在行驶过程中的调节过程，前桥的调节涉及车桥中心，后桥是同时调节两个车轮。
2）调节过程对于前桥和后桥都是两个车轮同时调节，以保证较高精度的调节位置。
3）在关闭点火开关后，控制单元仍保持激活 60s，等待其他输入信号。如果没有输入信号，那么就进入了省电的休眠模式。在接通休眠模式后的 2.5h 和 10h 各检查一次车辆水平位置，这时控制单元 J197 会短暂地给水平位置传感器供电，并读取其测量值。如果控制单元 J197 识别出有调节要求，那么就会检查蓄压器内的压力是否足够（至少要比将要进行调节的空气弹簧的压力高出 3bar），如果蓄压器的压力太低，就不能进行调节了。在防盗报警已激活的情况下，进行升高过程调节时，车辆倾斜不超过 0.3°。

3. 空气悬架无法升降的可能原因

1）车身高度传感器信号失真，包括传感器安装不到位、松动、传感器线路故障和传感器本身故障。

2）J197 损坏，这种情况分为有明显的故障码指向控制单元损坏，或无故障码但功能失效，可通过对调控制单元排除故障。

3）空气压缩机控制继电器损坏，包括触点烧蚀、针脚腐蚀或弯曲；当更换空气压缩机时必须同时更换继电器。

4）空气压缩机故障，可能有故障码"062F08 探测到系统泄漏 主动/静态"，此时可检查整个系统，若无泄漏，对调压缩机后故障排除。

5）空气悬架系统进水，由于结冰导致无法升降。更换压缩机前必须清理整个管路，保证系统中没有水。

6）其他电器故障，根据引导型故障查询确认故障原因后进行更换。

7）空气悬架系统更换或拆装了相关部件（如拆装下部横摆臂、拆装水平高度传感器、更换副车架、更换 J197）后没有按规定进行水平高度自适应学习。

8）运输模式没有解除或是举升模式没有解除（也叫更换轮胎模式）。

四、空气悬架无法升降诊断思路

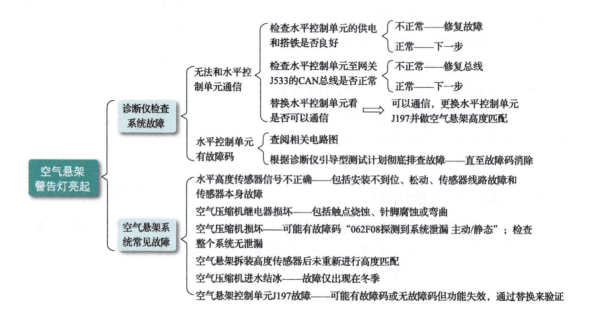

五、故障实例排查

1. 问询、记录车辆信息

车型	D4-3.0T	发动机型号	CGWD	变速器型号	0BK
VIN	WAURGB4H2CN******			行驶里程	23978km
故障现象	奥迪A8L-3.0T行驶过程中仪表空气悬架报警			故障频率	偶发多次

2. 故障现象确认

打开点火开关，空气悬架警告灯点亮，如图2-25所示，进行试车，发现停止和低速行驶状态下均无法通过空气悬架调节按钮调节车身高度。确认为空气悬架系统无法升降故障。

3. 诊断分析

工具准备：通用工具、诊断仪。

用诊断仪检查，在34自适应型悬架装置里有故障码"C104500系统泄漏检测偶发"，该故障码设置

图2-25 空气悬架警告灯亮起

一般是由于系统压力偏低所致。常见的原因是由于整个空气悬架系统存在泄漏，导致系统气压低。经和客户沟通，客户反映该车空气悬架在停止、低速时不能调节，但停放一段时间后空气悬架高度没有降低。根据现有的信息，决定先检查空气悬架系统是否存在泄漏。

由于是偶发故障，消除故障码后当时无法重现，决定留车观察。车辆在服务站停放2天后，检查空气悬架并没有降低，说明空气悬架系统基本不存在泄漏。通过比对发现故障车蓄压器的压力只有6.1bar，而正常车蓄压器压力有13.2bar。故障车的各个空气弹簧压力在3.8~6.6bar之间，也就是说在行驶过程中或停止状态下控制单元无法通过蓄压器压力对空气悬架高度进行调节，因为蓄压器压力还没有空气弹簧内的压力高，所以系统认为存在泄漏。

4. 排除故障与总结

故障车和正常车对调空气压缩机，经长时间试车确认故障排除，读取数据流，蓄压器压力可以达到13bar以上。更换空气压缩机总成，故障排除。

空气悬架系统在车辆停止和低速行驶状态下，为提高驾驶舒适度会使用蓄压器调节空气弹簧高度。此车由于空气压缩机工作不良，在压缩机工作时无法及时给蓄压器提供足够的压力，所以当系统使用蓄压器调节空气悬架系统时，会出现压力不足无法调节的现象，系统据此判定存在泄漏。此故障属于压缩机早期损坏，所以在压缩机工作时仍可对空气悬架进行有效调节，在这种情况下客户并没有感到功能失效。在排除类似故障时应先了解其工作原理，并且根据数据流进行分析判断。

六、总结

1）当空气悬架系统出现故障时会点亮故障灯，同时悬架调节功能受限。

2）每个空气弹簧至少有 3.5bar 的剩余压力，若空气弹簧压力低于 3.5bar，则说明空气弹簧存在漏气。

3）空气悬架系统在点火开关关闭后仍会进行调节，所以当某一个空气弹簧漏气时往往表现为同轴的两个悬架都降到低位。

任务八　电动机械式转向系统故障

任务导入

王先生的奥迪 A6L-C7 在行驶过程中仪表电动转向助力系统警告灯亮起，转向沉重，随后王先生将车辆开至 4S 店维修。

一、故障定义

电动转向助力系统故障：指电动转向机在使用过程中警告灯点亮，转向盘失去助力或助力降低的故障。

二、任务目标

1. 知识目标

1）能够描述电动转向系统的组成和结构。

2）能够描述导致电动转向机报警的可能因素有哪些。

3）能够描述电动助力转向系统的控制策略。

4）能够识别并且会使用检测本故障所需的专用工具和设备。

2. 技能目标

1）能够准确识别电动转向系统报警的故障现象。

2）能够应用诊断方法分析电动转向系统报警的故障原因并检查排除。

3）能够正确使用仪器与设备进行检查与分析。

三、电动转向系统相关知识

1. 电动转向机的组成结构

电动助力转向系统（Electric Power Steering，EPS）如图 2-26 所示，是在机械式转向系统的基础上，加装了助力的直流电动机及减速机构（即辅助转向器，有齿轮齿条式和循环球式辅助转向器两种）、电磁离合器、转向盘转角传感器、转向转矩传感器、车速传感器、转向控制单元等。

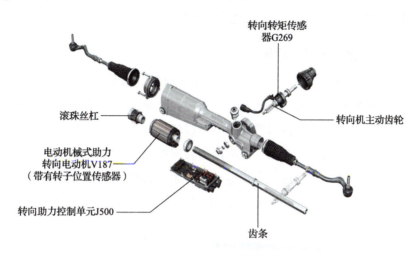

图 2-26　电动转向机组成

2. 电动助力转向（EPS）的控制策略

1）EPS 控制单元根据转向盘转角传感器信号控制直流电动机旋转的方向，使其和驾驶员旋转的方向相一致。

2）EPS 控制单元还根据转向盘转矩传感器信号和车速传感器信号，进行逻辑分析与计算后发出指令，控制助力辅助电动机的电流，进而控制转向助力比的大小。车速越低，转向盘转矩越大，直流电动机电流越大，助力比越大。在机械液压助力、电子液压助力、电动助力转向系统中电动助力转向系统原地打方向最轻松。

3）EPS 随车速增加而逐步减少助力直至停止助力，这样有助于提高高速行车的稳定性。

4）EPS 直线行驶时电动机不工作，不会消耗电能。

5）转向盘转到端点时，EPS 控制单元会自动识别该状态，从而切断电动机供电，防止电动机因电流过大而烧毁。

3. 电动助力转向系统的优点

电动助力转向系统结构紧凑、体积小，成本低。装在转向齿条上的循环球式助力齿轮、齿条式转向器独立于发动机，不需要发动机提供动力源，不消耗发动机的功率。取消了液压控制系统，不需要复杂的控制机构，只要根据需要改变电动机的电流大小和方向，就能实现助力转向系统的自动控制。节省了空间,降低了故障概率,使低速时转向更轻便。易于维护保养,质量稳定。装备了电动助力转向的车辆还便于实现泊车辅助、车道保持等其他便捷辅助功能。

4. 电动转向系统的警告灯

电动助力报警黄灯亮起时,代表当前电动转向系统存在故障,可以继续行驶,但转向助力会下降,同时转弯半径增大。当电动助力报警红灯亮起时,代表电动转向系统存在严重故障,需立即在安全地方停车,此时可能失去转向助力,需小心驾驶。

5. 电动转向系统报警的可能原因

电动助力转向常见问题是控制单元损坏,主要原因是事故碰撞和控制单元进水腐蚀氧化所致。电动助力转向控制单元和转向机一般集成在一起,而且转向机大部分位于底盘较低处,当发生拖底或是事故碰撞时控制单元很容易损坏;车辆涉水行驶时间较长时,水有可能从插接器进入控制单元造成氧化腐蚀;电动助力转向控制单元如果失去和其他相关控制单元通信或是失去转向角传感器信息都会导致电动助力系统报警。电动助力转向系统有故障时控制单元都会有故障码存储,根据诊断仪的引导检查就可以找到故障原因。

四、电动助力转向警告灯亮起的诊断思路

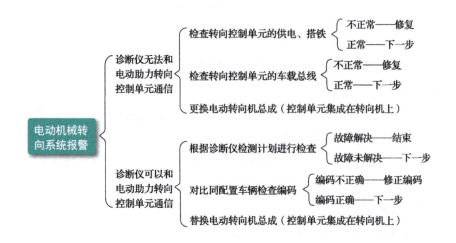

五、故障实例排查

1. 问询、记录车辆信息

车型	C7-3.0T	发动机型号	CTDB	变速器型号	0B5
VIN	LFV6A24G4G3******			行驶里程	31578km
故障现象	奥迪A6L-C7行驶中电动助力转向系统报警			故障频率	一直

2. 故障现象确认

打开点火开关，车辆电动助力警告灯亮起，如图 2-27 所示，试驾车辆，发现转向沉重，该车配备电动助力转向系统，确认为电动转向系统故障。

图 2-27 仪表转向系统报警

3. 诊断分析

工具准备：通用工具、诊断仪、抹布

用诊断仪检查，44 动力转向系统控制单元内有故障码"C10AC07 转向系机械故障 主动/静态；C10AD29 马达位置传感器 不可信信号 主动/静态"，如图 2-28 所示。

```
地址: 0044 系统名: 44 - 动力转向装置 协议改版: UDS/ISOTP (Ereignisse: 2)
  + 识别:
  - 故障存储器记录:
      故障存储器记录
      编号:                           C10AC07: 转向系 机械故障
      故障类型 2:                     主动/静态
      症状:                           5258756
      状态:                           10001001
      + 标准环境条件:
      + 高级环境条件:
      故障存储器记录
      编号:                           C10AD29: 马达位置传感器 不可信信号
      故障类型 2:                     主动/静态
      症状:                           7341572
      状态:                           10001001
```

图 2-28 动力转向控制单元内的故障码

根据诊断仪检测计划提示需要更换转向机总成，由于电动机位置传感器集成在电动转向机内，无法单独更换。

4. 排除故障与总结

更换电动机械转向机总成并完成在线编码和转向机端位匹配后故障排除。有些车型可能还需要做转角传感器匹配，此车转角传感器的匹配功能在 ABS 控制单元内，所以匹配转角传感器需要在 ABS 控制单元内执行。电动转向系统故障都会有故障码，根据诊断仪的提示认真检查就可以解决问题。

六、总结

1）电动转向系统警告灯有黄色和红色两种，无论哪一种灯亮起都需要尽快到服务站检查处理。

2）电动转向系统报警的可能原因有集成在电动转向机内的转矩传感器、电动机位置传感器、电动机、转向控制单元、供电、搭铁以及车载网络故障；另外，从车载网络采集的相关信息如车速、制动等丢失也会导致转向警告灯亮起。

3）电动转向系统的优点是结构紧凑、体积小，成本低。不需要发动机提供动力源，不消耗发动机的功率；助力转向系统自动控制程度高；故障率低，低速转向轻便，易于维护保养，质量稳定，易于实现泊车辅助、车道保持等其他便捷辅助功能。

4）当转角传感器出现故障时，EPS 会点亮红色警告灯。

项目三 车身电气系统常见故障诊断与检测

任务一 中央门锁无法正常工作

任务导入

张先生发现自己的奥迪 A4L-B8 左后门无法打开,其他车门开启正常。

一、故障定义

中央门锁无法正常工作故障:指个别车门无法通过中央门锁上锁或解锁、个别车门无法从车外或车内打开的故障。

二、任务目标

1. 知识目标

1)能够描述中央门锁系统的组成和结构。
2)能够描述导致中央门锁系统工作不正常的可能因素有哪些。
3)能够描述中央门锁系统的控制策略。
4)能够识别并且会使用检测本故障所需的专用工具和设备。

2. 技能目标

1)能够准确识别中央门锁系统工作不正常的故障现象。
2)能够应用诊断方法分析中央门锁的故障原因并检查排除。
3)能够正确使用仪器与设备进行检查与分析。

三、中央门锁系统相关知识

1. 中央门锁系统的结构组成

中央门锁系统由各个车门带闭锁电动机的锁块、门触开关、解锁/闭锁开关、门锁控制按钮、主控单元和网络通信系统组成,如图 3-1 所示。因其可以通过开关、钥匙或是遥控器实现一键上锁或开锁,所以称为中央门锁控制系统。

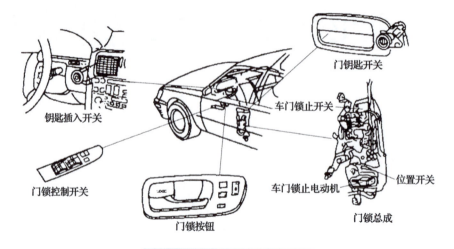

图 3-1　中央门锁系统结构组成

2. 中央门锁的控制策略

1）通过车载网络和各车门控制单元，可以实现遥控开锁时全部车门打开或仅驾驶员侧打开。

2）当车速超过 15km/h 后自动上锁，同时支持关闭点火开关后自动开锁。

3）当安全气囊弹出后，自动打开中央门锁方便逃生。

4）当点火开关未关闭或当前档位不在 P 位时无法使用遥控上锁，但此时可以通过钥匙人工上锁。

5）可以实现死锁或安全锁功能。当中央控制门锁为死锁状态时，无论车内外均无法打开车门，只有通过遥控器才能解锁；安全锁功能状态时可以从车内打开车门，方便车内人员逃生。

6）中央门锁还是无钥匙进入系统的基本配置。

3. 中央门锁系统常见工作不正常现象及可能原因

（1）解锁后，无法用外门把手或内侧门把手打开车门

这种情况主要是由于外门把手拉索脱开或拉索扭转导致车门锁保持在把手拉紧位置或无法完全回到零位引起的。需通过其他车门进入车内，通过内侧门把手打开车门。检查该故障时需拆下车门内饰板，详细检查外门把手机构是否存在阻滞或脱开。如外门把手和拉索机构不存在故障，应更换相关车门的锁体总成。

无法从内侧门把手打开车门但可以用外侧门把手打开的检查方法同外侧无法打开故障检查方法一致。

（2）死锁功能解锁后，内外门把手都无法打开

这种情况一般只会出现在带死锁功能的车辆上，一般是死锁电动机由于使用时间较长而发生损耗性失效。可以通过一个人在门把手外部用手适当振动，另一个人反复按遥控器解锁

键来尝试打开车门，一般首次出现该故障可以通过上述方法解决，切记打开车门后要第一时间更换故障车门锁体总成。若上述方法无效，一般只能破坏该侧车门内饰板后机械打开锁体。

（3）某一个车门无法上锁或无法开锁

这种情况多是中央门锁网络通信或电源供给方面出现故障，应通过诊断仪检查舒适系统是否有相关故障记录；也可以通过执行元件诊断和常规电路检查确定故障侧车门控制单元供电及网络是否正常。当上述检查没有问题时，尝试更换该侧锁体总成来解决。

（4）某个车门上锁后会自动跳开

这种情况是典型的锁体总成存在质量问题，故障大部分是偶发多次。类似问题可以直接更换锁体总成来解决。

四、中央门锁系统故障诊断思路

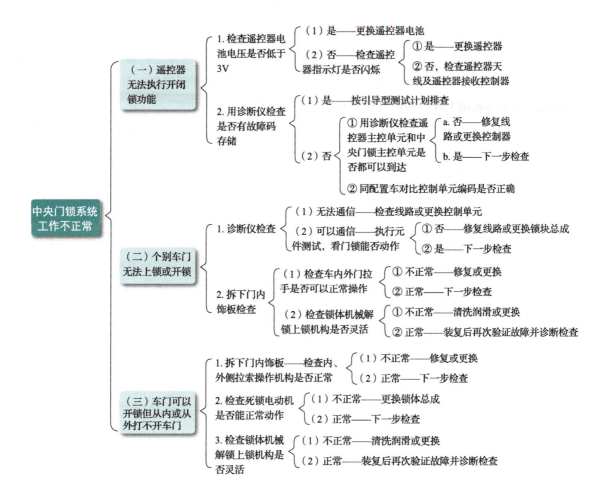

五、故障实例排查

1. 问询、记录车辆信息

车型	B8 2.0T	发动机型号	CDZ	变速器型号	0AW
VIN	LFV3A28K0A3******			行驶里程	33120km
故障现象	奥迪A4L-B8左后门无法打开			故障频率	一直

2. 故障现象确认

检查车辆左后门，确实无法打开，尝试用遥控器、中央控制开关解锁均失败，确认为中央门锁系统无法正常工作故障。

演示视频6

3. 诊断分析

工具准备：通用工具、诊断仪、万用表。

通过网络拓扑图可以看出，该车左后门控制单元J388通过LIN线和左前门控制单元J386进行通信；J386再通过舒适CAN和其他控制单元进行通信，J393是中央门锁的主控单元。当客户按压遥控器开锁键时，J393通过中央门锁天线R47读取遥控器信息，如果开锁信息通过J393验证，则J393通过舒适CAN向J386、J387发送开锁信息，而J388和J389则通过前门控制单元用LIN线接收开锁信息。

用诊断仪检查，发现系统中有"J388本地通信故障静态"故障码无法删除。根据故障现象和故障码分析可能原因有：①J386和J388的LIN总线断路。②J386或J388控制单元损坏。③J388供电或搭铁不良。

4. 排除故障与总结

维修人员在检查了J388供电及搭铁正常后，由于左后门无法打开，一时也不好检查其控制单元及线路是否正常。在查询ELSA时有一个相关的技术通报"左后或右后车门有多种功能故障"，根据该技术通报可能由于前车门控制单元中缺少部件——LIN收发器的半导体层之间缺少触点导致，建议更换左前门控制单元J386，在拆装J386后故障突然消失，根据上述分析可能是控制单元内部损坏，在断电后又可以恢复正常。当订购的新J386到货装复后，却发现故障没有排除。因控制单元J386已经更换，所以J386和J388之间通信不良的故障原因很可能是LIN总线出现了故障。检查J386至J388的LIN总线，发现存在断路现象，进一步检查发现LIN总线在左前门内和玻璃升降器存在干涉现象导致该线断裂，如图3-2所示。修复线束并重新固定线束走向，故障排除。

该车由于J386和J388之间的LIN线存在断路现象，导致控制单元无法通信，从而打不开车门。在第一次检查时拆装J386后由于拉动线束，LIN会短暂接触，所以当时故障消失。从本案例得到的启发：厂家的技术通报有一定的参考价值，但如果仅凭故障现象和技术通报大致相同就不进行常规检查，更容易导致返修。

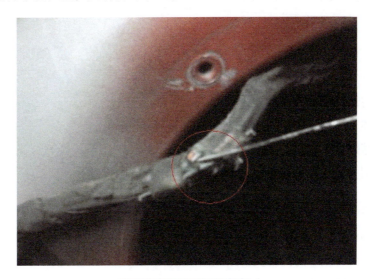

图 3-2　断裂的 LIN 线

六、总结

1）中央门锁系统由各个车门带闭锁电动机的锁块、门触开关、解锁/闭锁开关、门锁控制按钮、主控单元和网络通信系统组成，可以通过开关、钥匙或遥控器实现一键上锁或开锁。

2）中央门锁可实现的功能与车辆配置有关，部分功能可以自己设置或通过特定的操作来实现。在实际维修工作中应参照使用说明书与维修手册操作。

3）当中央门锁系统出现故障时，应检查相关的车门控制单元供电、搭铁和通信是否正常，如电气系统均正常，再考虑替换车门控制单元或带闭锁电动机的锁块。

任务二　车辆照明/信号灯故障

任务导入

张先生发现自己的奥迪 A6L-C7 起动发动机后，日间行车灯不亮，多次尝试仍然不亮，随后张先生来店进行维修。

一、故障定义

车辆照明/信号灯故障：指车辆前照灯、尾灯、日间行车灯和信号灯无法亮起或是高度不能调节以及仪表灯光系统报警的故障。

二、任务目标

1. 知识目标

1）能够描述灯光系统的组成。
2）能够描述车灯系统工作不正常的可能因素有哪些。
3）能够看懂灯光系统的电路图。
4）能够识别并且会使用检测本故障所需的专用工具和设备。

2. 技能目标

1）能够准确识别灯光系统工作不正常的故障现象。
2）能够识别各种指示灯的含义。
3）能够应用诊断方法分析灯光系统故障原因并检查排除。
4）能够正确使用仪器与设备进行检查与分析。

三、灯光系统相关知识

1. 灯光系统的组成和功能

灯光系统由照明系统和信号指示系统组成。照明系统根据功能不同分为近光灯、远光灯、前雾灯、倒车灯和乘员舱内照明灯。信号指示系统由转向灯、制动灯、后雾灯、示廓灯（日间行车灯）等组成。

照明系统的作用是让驾驶员看清当前行驶的道路，防止出现危险；乘员舱内照明灯主要是方便司乘人员上下车和乘员在行车过程中有阅读需求时的照明；信号指示系统是让别的交通参与者发现我们的车辆，避免出现交通事故。

2. 灯光系统的控制策略

灯光系统由灯开关、控制单元、发光灯泡（卤素灯、氙气灯、LED）、光线/雨量传感器、悬架高度传感器及线路组成。

灯光开关打开→控制单元收到请求信号→通过继电器或晶体管控制相对应的发光灯泡点亮或闪亮。

对于装配有光线/雨量传感器的车辆，可以根据光线明暗自动点亮近光灯，注意此时灯开关必须位于 Auto 档。对于装配有悬架高度传感器的车辆，可以根据道路情况对光束高度进行动态调节。如果车辆装配了前置摄像机，则可以根据识别到的前方车辆、行人或是居民区实现多个光型，这种灯光控制系统称为自适应灯光系统。

四、灯光系统故障分析逻辑图

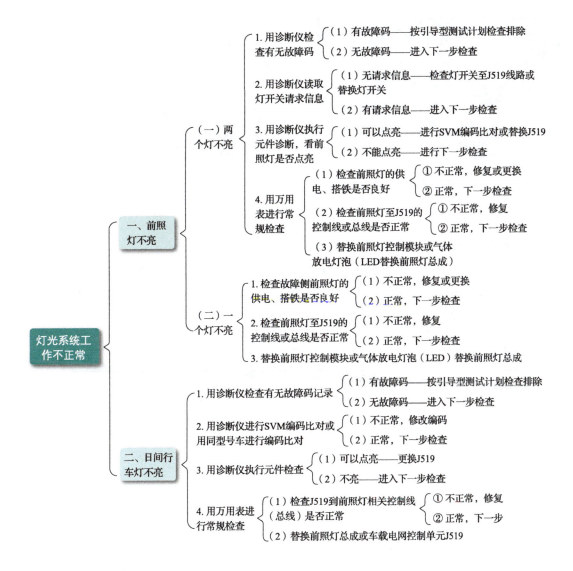

五、故障实例排查

1. 问询、记录车辆信息

车型	C7 2.5L	发动机型号	CLXA	变速器型号	0AW
VIN	LFV5A24G1F3******			行驶里程	68685km
故障现象	奥迪A6L-C7日间行车灯不亮			故障频率	一直持续

2. 故障现象确认

多次起动车辆,现场检查发现日间行车灯在灯开关处于非"0"位时均不能点亮,在0位打开点火开关可以点亮,同时仪表提示左侧灯/日间行车灯故障,如图3-3、图3-4所示,确认为车辆照明灯故障。

图 3-3　仪表灯警告灯灯泡损坏

图 3-4　日间行车灯不亮

3. 诊断分析

工具准备：通用工具、诊断仪、万用表。

用诊断仪检查，09 车载电网控制单元里有故障码"VAG02895 左侧日间行驶灯和侧灯 LED 模块的供电电路电气故障间歇性问题"；"VAG02897 右侧日间行驶灯和侧灯 LED 模块的供电电路电气故障间歇性问题"。查询电路图，如图 3-5 所示。

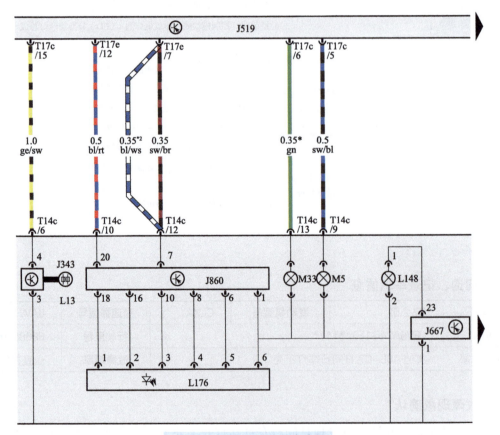

图 3-5　左侧日间行车灯电路图

根据引导型测试计划提示需检查：①日间行车灯 LED 模块和车载电网控制单元 J519 之间的线路和插接器是否存在虚接或腐蚀现象；②检查相关控制单元的供电和搭铁是否正常。③J519 或日间行车灯控制单元左/右内部故障。

因为日间行车灯模块供电、搭铁和控制信号均直接来自于 J519，且日间行车灯在灯开关处于 0 位时仍可以点亮，但在其他位置不能点亮，所以分析可能是 J519 或 L176 和 L177 内部软件出现控制错误。

4. 排除故障与总结

首先进行左右两侧日间行车灯模块和 J519 之间的接插器和线路常规检查，结果不存在虚接或腐蚀；接着检查 J519 所有供电和搭铁，没有发现问题。进行日间行车灯执行元件诊断，可以在灯开关各个挡位点亮；读取灯开关数据流，各挡均能正确显示相应数据。综合上述检查分析认为是 J519 内部软件控制逻辑出现了问题，由于没有相关升级软件，决定更换 J519 总成。更换 J519 做完各种匹配后日间行车灯功能恢复正常。

该故障是典型的软件控制逻辑故障，所以在执行元件诊断时可以正常工作。虽然该故障从一开始故障原因就指向了 J519，但是常规检查工作仍不能省略，因为有时线路虚接或是加装也有可能导致各种问题。做常规检查就是要进一步提高一次修复率，进而提升客户满意度。

六、总结

1）灯光系统由照明系统和信号指示系统组成，它们的控制策略基本一致。首先由驾驶员将开关置于想要点亮灯光的那一档，然后控制单元接收到点亮灯光的请求信息，接着控制相关的灯泡点亮或闪亮。

2）诊断灯光系统故障时和其他电控系统一样，首先确认控制单元有无收到打开灯光的相关请求信息，可以用诊断仪在控制单元内读取数据流来检查，引起该类故障的可能原因有灯开关损坏、灯开关到控制单元的线路故障或是控制单元本身的故障。

① 执行元件故障。在确认控制单元已收到灯光打开请求信息但相应的灯不亮时，应重点检查灯泡的供电、搭铁、车载网络和灯泡本身是否有故障，必要时可以左右对调来排除灯泡本身的故障。

② 控制单元故障。在检查信号输入和执行元件功能都正常后，相应的灯光仍不能点亮，应重点检查控制单元是否失效。控制单元一般是通过间接判断或是替换的方法来确诊。

3）装配气体放电灯泡（氙气灯）的前照灯，其远近光切换通过遮光板位置改变来实现，也就是说其产生远光和近光的是一个灯泡。

任务三　遥控器工作不正常

任务导入

张先生的爱车使用遥控器无法开闭车门，但中控门锁工作正常。张先生致电4S店询问如何锁车，维修人员建议张先生从遥控钥匙中取出机械钥匙进行锁车，并尽快到店维修。

一、故障定义

遥控器故障：指用遥控器无法实现中控门锁闭锁或开锁，还有遥控距离太近的故障现象。

二、任务目标

1. 知识目标

1）能够描述遥控系统的组成。
2）能够描述遥控系统工作不正常的可能因素有哪些。
3）能够看懂遥控系统的电路图。
4）能够识别并且会使用检测本故障所需的专用工具和设备。

2. 技能目标

1）能够准确识别遥控系统工作不正常的故障现象。
2）能够清楚遥控器上指示灯闪烁的含义。
3）能够应用诊断方法分析遥控系统故障原因并检查排除。
4）能够正确使用仪器与设备进行检查与分析。

三、遥控系统相关知识

1. 遥控系统的组成

汽车遥控系统是以中控门锁系统为基础的控制系统，主要增加的元件有遥控器、遥控接收天线（部分车型内置于控制单元内）、车身控制单元（BCM）、车门警戒状态指示灯、带电池的报警扬声器。

2. 遥控器的功能

通过车载网络系统实现中央门锁系统开/闭锁，同时用危险警告灯进行反馈；车窗/天窗一键开启或关闭；当车门或车窗采用非遥控器打开时激活报警扬声器和危险警告灯。

3. 遥控系统指示灯闪烁的含义

遥控器在按闭锁或开锁键时正常闪烁1次，表示当前遥控工作正常；当按压遥控器时指示灯连续闪烁多次，表示遥控距离太远，信号无法传输；按遥控器时指示灯不亮，一般是遥控器电池电压低或遥控器本身损坏。

位于车门内饰板上的遥控状态指示灯，正常开锁时指示灯闪烁1次；按压遥控器闭锁键1次时，遥控指示灯先是快闪5次，然后每隔3s闪烁1次，表示遥控系统已经上锁且已激活车内监控；如果在3s内连续按两次闭锁键，则指示灯一直是每隔3s闪烁1次，表示当前中控门锁已上锁，但没有激活车内监控功能。

遥控器成功上锁时危险警告灯闪烁1次，成功解锁则危险警告灯闪烁2次。

四、遥控系统故障诊断思路

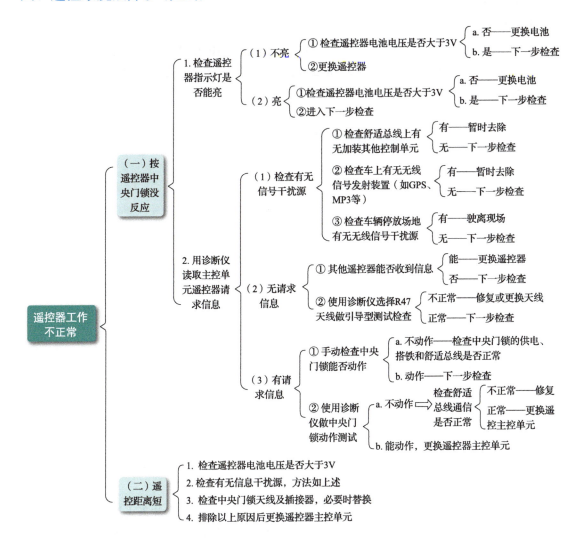

五、故障实例排查

1. 问询、记录车辆信息

车型	A3 1.4T	发动机型号	CMBA	变速器型号	0AW
VIN	LFV2B28V0G5******			行驶里程	2634km
故障现象	奥迪 A3 遥控器无法闭锁和开锁			故障频率	一直持续

2. 故障现象确认

使用车辆遥控器对故障车辆进行解锁，发现不能打开车门，用机械钥匙上锁后，也无法用遥控器解锁，确认为遥控器故障。

3. 诊断分析

工具准备：通用工具、诊断仪、万用表。

用诊断仪检查，17 仪表防盗主控单元里有故障码“B104C29 钥匙不可信信号 主动 / 静态”，在 09 车身控制单元内有故障码“B147954 无线遥控钥匙 1 无基本设置主动 / 静态”，如图 3-6 所示。

地址: 0017 系统名: 17 - 仪表板 协议改版: UDS/ISOTP (Ereignisse: 1)

[+] 识别:

[-] 故障存储器记录:

故障存储器记录

编号:	B104C29: 钥匙 不可信信号
故障类型 2:	主动/静态
症状:	9456681
状态:	00001001

[-] 标准环境条件:

日期:	17-4-21
时间:	1:23:59
里程（DTC）:	10
优先等级:	6
频率计数器:	2
遗忘计数器/驾驶周期:	255

地址: 0009 系统名: 09 - 中央电子电气装置（BCM） 协议改版: UDS/ISOTP (Ereignisse: 1)

[+] 识别:

[-] 故障存储器记录:

故障存储器记录

编号:	B147954: 无线遥控钥匙1 无基本设置
故障类型 2:	主动/静态
症状:	204293
状态:	00001001

图 3-6 相关系统的故障码

诊断仪引导型测试计划提示：可用钥匙 1 重新打开和关闭点火开关 1 次来学习遥控器，如仍不能解决则断开 J519 电源，对 J519 进行硬件匹配。根据上述检查，初步分析是遥控器信息在车载电源控制单元 J519 内丢失，重新匹配学习遥控器应该就可以正常使用了。

根据引导型测试计划做了遥控器匹配学习，但遥控器仍然不能使用。该车钥匙防盗信息由仪表来进行读取和识别，故障车辆可以正常打开点火开关和起动车辆，说明防盗系统能够识别钥匙并已通过防盗验证。按压遥控器开/闭锁键，遥控器上的指示灯能亮，检查遥控器电池电压为3.1V，属于正常范围。

该车遥控器信号接收天线和控制系统集成在车载电源控制单元 J519 内，此时分析可能是 J519 内部接收天线或其他内部故障导致遥控器信号无法正常接收。尝试对调 J519 并做部件保护，重新学习遥控器后仍然无法使用。在按遥控器时读取故障车数据流，如图 3-7 所示。

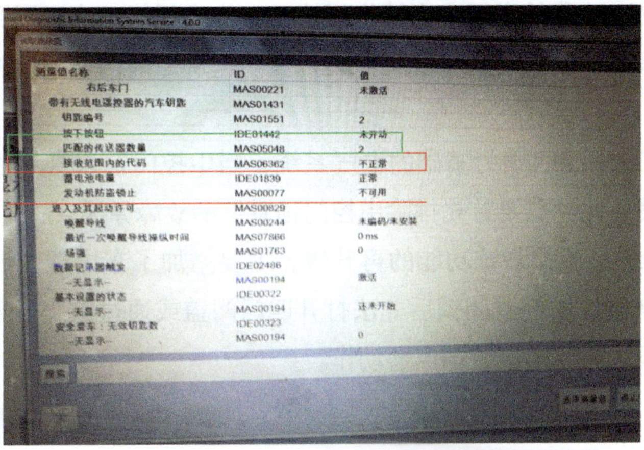

图 3-7 故障车的数据流

对比正常车数据流，如图 3-8 所示。

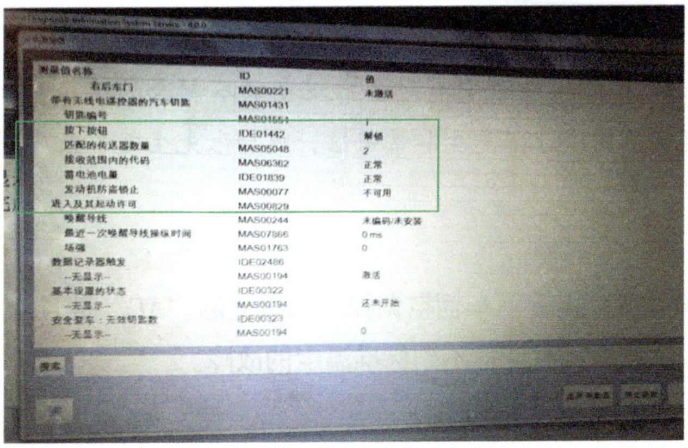

图 3-8 正常车的数据流

4. 排除故障与总结

通过对比发现故障车在按下遥控器时只能识别到当前钥匙是匹配学习过的，但不能识别遥控器按钮信息且接收范围内的代码也是不正常的。分析是遥控器内部故障，更换带钥匙的遥控器后故障解决。

该车防盗信息可以识别且按压遥控器时遥控器上的指示灯也亮,同时 J519 也能识别出是匹配过的哪一把钥匙;但按下遥控器时的代码无法被 J519 识别,所以也就无法进行闭锁和开闭操作。此类故障比较少见,排除类似问题时应读取遥控器实时数据流,这样才能为故障分析判断提供有力支持,提高一次修复率。

六、总结

1)遥控系统是一个车载网络的集成功能,当点火开关识别到 S 端子闭合时无法使用遥控器上锁;装配自动变速器的车辆,当档位不处于 P 位或不能正确识别到 P 位时也无法使用遥控器进行上锁操作。但上述两种情况可以用机械钥匙从左前门使用中控门锁功能进行上锁操作。

2)遥控系统是以中控门锁为基础的电气系统,当中控门锁自身无法正常工作时遥控系统自然也无法开闭锁,此时需要首先排除中控门锁系统的故障原因。

3)车内监控系统是遥控系统功能的再升级,主要增加了车内超声波传感器和玻璃破碎传感器。其主要用来监控遥控器闭锁后非法打开四门两盖或通过破碎玻璃进入车内,此时系统激活危险警告灯闪烁和专用报警扬声器动作。

任务四 空调系统不工作

任务导入

张先生的速腾轿车在使用过程中有时会出现空调不制冷的情况,因为夏天车内温度较高,不定时地出现空调不制冷让张先生非常苦恼,随后张先生驾车来店维修。

一、故障定义

空调系统不工作故障:指按下车辆空调控制面板上的"AC"键且温度选择在"LO"时,出风口吹出的不是冷风或冷风温度达不到标准温度的故障。

二、任务目标

1. 知识目标

1)能够描述空调系统的组成。

2)能够描述空调系统工作不正常的可能因素有哪些。

3)能够描述空调系统的控制策略。

4)能够识别并且会使用检测本故障所需的专用工具和设备。

2. 技能目标

1）能够准确识别空调系统工作不正常的故障现象。

2）能够分析空调系统的故障原因。

3）能够应用诊断方法分析空调系统故障原因并检查排除。

4）能够正确使用仪器与设备进行检查与分析。

三、空调系统相关知识

1. 空调系统的结构组成

传统的空调系统由压缩机、冷凝器、干燥罐、膨胀阀、蒸发器、管路和制冷剂（现在汽车使用 R134a）组成，如图 3-9 所示。现代更多中高端乘用车采用了冷暖一体化的自动空调系统，使汽车空调可以满足不同乘员的个性化室内温度设置。

自动空调系统一般由制冷系统（传统的单冷空调系统）、制热系统（传统的暖风系统）、通风系统、操作控制系统和空气净化系统组成。

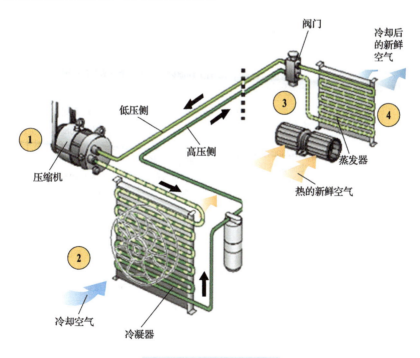

图 3-9 空调系统原理图

2. 空调系统的工作原理

空调系统中按规定充注有定量的制冷剂（R134a），在压缩机工作时将气态的制冷剂吸入压缩机；经压缩机压缩后气态制冷剂变成高温高压的气态制冷剂；高温高压的气态制冷剂进入冷凝器后通过散热风扇强制散热，变成高温高压的液态制冷剂；高温高压的液态制冷剂流入干燥罐进行过滤除湿，同时由于干燥罐的结构形式导致从干燥罐流出的制冷剂是纯粹的高温高压液态制冷剂；高温高压的液态制冷剂经过膨胀阀节流后迅速喷入蒸发器内并汽化吸热，汽化会带走蒸发器周围的热量，使蒸发器周围的温度降低，然后再经鼓风机把蒸发器周围的冷空气吹入车内，完成和车内空气的热交换过程；吸热后的低温低压气态制冷剂再次被压缩机吸入，进入下一个循环。

3. 空调系统的切断控制策略

1）空调内的制冷剂压力不能低于额定值（一般不低于4bar）。

2）发动机冷却液温度没有超过规定值（一般是112℃）。

3）发动机急加速或负荷超过规定值。

4）环境温度低于5℃时。

5）空调系统内压力超过规定值（参照具体车型维修手册）。

6）发动机电控系统故障导致发动机功率下降时。

四、空调系统故障诊断思路

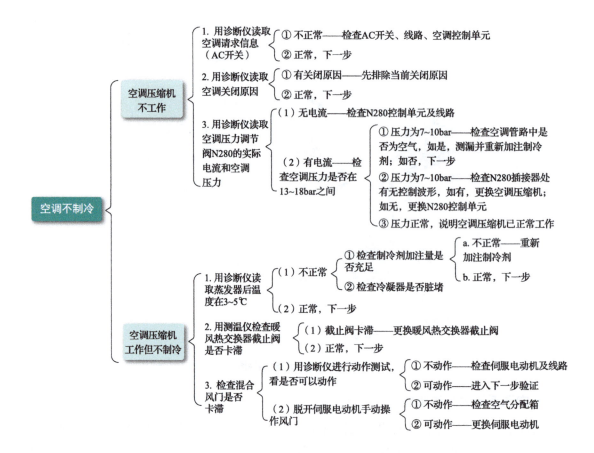

五、故障实例排查

1. 问询、记录车辆信息

车型	速腾 1.6L	发动机型号	CFB	变速器型号	手动变速器
VIN	LFV2A21K8A3******			行驶里程	26385km
故障现象	速腾有时空调不制冷			故障频率	偶发

2. 故障现象确认

由于是偶发故障，进站检查时空调制冷效果是正常的。用诊断仪检查，空调控制单元内无任何故障码存储。经和客户沟通，该车空调在行驶过程中不定什么时候就不工作了，之后有可能会自动恢复制冷。根据客户描述的现象，初步认为可能是电气线路存在虚接或是间歇性短路问题。

3. 诊断分析

工具准备：通用工具、诊断仪、万用表。

为了获得出现故障时的第一手信息，决定进行路试，用诊断仪实时检查空调不制冷时的数据流。首先读取了空调正常工作时的数据流，如图 3-10 所示，从数据流可以看出空调不存在关闭原因且空调压力调节阀 N280 控制电流为 0.790A，与空调压力调节阀 N280 理论控制电流 0.805A 基本一致。路试 5km 左右出现空调不制冷的故障现象，此时的数据流如图 3-11 所示。从数据流中可以看出，空调仍然不存在关闭条件，且空调压力调节阀控制电流理论值与实际值都是 0.802A，说明空调控制方面并没有问题。此时空调不工作的原因只有两种可能：一是空调压力调节阀 N280 的插接器存在虚接；另外一种原因是空调压力调节阀 N280 存在机械性卡滞。

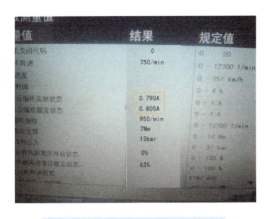

图 3-10 空调正常制冷时的数据流

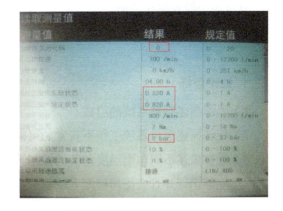

图 3-11 空调不制冷时的数据流

4. 排除故障与总结

经检查，空调压力调节阀插接器不存在虚接现象，更换空调压缩机总成后故障排除（不提供空调压力调节阀单独备件）。在实际维修中，结合故障现象利用诊断仪读取相关数据流是排除无故障码存储故障的有效手段之一。

六、总结

1）空调系统故障诊断逻辑。首先使用诊断仪检查有无相关故障码或限制条件；然后读取空调请求信息是否可以被控制单元收到；接着进行动作测试，检查空调压缩机是否能够正常工作；电气系统工作时，应使用空调检修压力表或空调加注机检查空调系统压力是否正常和系统内的制冷剂是否已经汽化。

2）空调系统的切断控制策略要点（见空调系统相关知识）。

3）自动空调系统一般由制冷系统（传统的单冷空调系统）、制热系统（传统的暖风系统）、通风系统、操作控制系统和空气净化系统组成。

任务五 暖风系统不制热

任务导入

王先生的爱车打开暖风后，发现右侧出风口吹出的是冷风，因冬天经常需要暖风，王先生来店进行维修。

一、故障定义

暖风系统不制热故障：指车辆暖风出风口一侧或整体暖风不热或吹出的是冷风的故障现象，此故障一般发生在冬季。

二、任务目标

1. 知识目标

1）能够描述暖风系统的组成。

2）能够描述暖风系统工作不正常的可能因素有哪些。

3）能够描述不同车型温度调节的控制策略。

4）能够识别并且会使用检测本故障所需的专用工具和设备。

2. 技能目标

1）能够准确识别暖风系统工作不正常的故障现象。

2）能够分析暖风系统的故障原因。

3）能够应用诊断方法分析暖风系统故障原因并检查排除。

4）能够正确使用仪器与设备进行检查与分析。

三、暖风系统相关知识

1. 暖风系统的组成

暖风系统主要是利用内燃机燃烧产生的热能对乘员舱进行加热，如图3-12所示，其主要由暖风热交换器、暖风热交换器截止阀、鼓风机（与空调制冷共用一个鼓风机）、风道切换系统、暖风热交换器循环泵等组成。

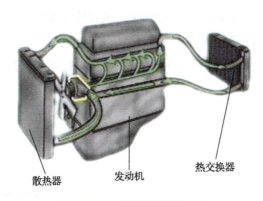

图 3-12 暖风加热系统简图

2. 暖风系统的功能

空调暖风系统主要是利用发动机冷却液的热能，对位于乘员舱的暖风水箱进行加热来达到提高乘员舱温度的目的。部分车型还配置有独立的驻车加热系统，配置该系统的车辆可以在发动机不起动的情况下持续为乘员舱提供热能。

3. 暖风不热的可能原因

（1）由于发动机温度低导致暖风不热

发动机在天气较冷的情况下热车较慢，车速较快时会减缓发动机的热车过程。无论哪个季节，发动机温度达到正常工作温度后，很少会出现行车过程中发动机温度明显下降的现象。若在行车过程中发动机温度明显下降，则说明冷却系统节温器或冷却系统温度调节系统存在故障。此时发动机自身温度应该较低，可用诊断仪检查是否是由于发动机温度下降导致暖风不热。

（2）暖风水箱温度太低或是部分太低

行驶中的车辆出现暖风不热，可检查暖风水箱进/出水管热不热，若不热，多是由于暖风截止阀出现卡滞或暖风水箱因使用时间较长产生水垢将水箱内部堵塞所致。排除此类故障时应首先从发动机气缸盖后端断开去往暖风水箱的进/出水管，关闭点火开关，用压缩空气从任意一侧吹入气流，正常应很顺畅没有阻力。若存在气流不畅，应进一步断开暖风截止阀检查暖风水箱是否堵塞，同时检查暖风截止阀是否存在卡滞现象（暖风截止阀在断电后为常通状态）。确定故障部位后更换即可解决问题。注意，部分暖风水箱堵塞的故障表现为离暖风进/出水管远的一侧暖风效果差。

（3）由于混合风门调节不当导致暖风不热

这是指发动机工作温度正常且暖风水箱温度与发动机温度一致，但仍没有暖风吹出。此时应重点检查混合风门是否调整不当，可手动将混合风门调节到最热状态查看有无暖风吹出。

如此时有暖风吹出，则可能是风门伺服电动机故障或出风口温度传感器信号失真。可以通过诊断仪执行元件诊断查看混合风门伺服电动机是否能够动作，当然混合风门伺服电动机供电及信号控制线路必须是正常的。通过读取出风口传感器数据流和温度计进行对比，从而确定是否存在出风口温度传感器失真的现象。

如手动将混合风门置于最热仍无热风吹出，应重点检查空气分配箱是否存在漏气或风门翻板是否安装不当。

四、暖风不热故障分析逻辑图

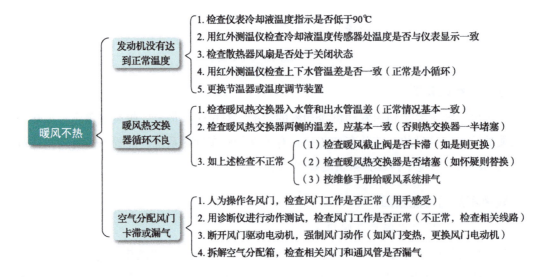

五、故障实例排查

1. 问询、记录车辆信息

车型	C7 2.0T	发动机型号	CDN	变速器型号	0AW
VIN	LFV3A24G6D3******			行驶里程	897677km
故障现象	奥迪A6L-C7右侧暖风不热			故障频率	一直持续

2. 故障现象确认

起动车辆，验证客户描述，发现在发动机达到正常工作温度后右侧暖风吹出来的是冷风。确认为暖风系统不制热故障。

3. 诊断分析

工具准备：通用工具、诊断仪、仪表拆装工具、红外测温仪、万用表。

用诊断仪检查，空调系统没有故障码，读取空调系统左右出风口数据，如图3-13所示。

0008	8.1	-G143（控制马达-V113）的实际值	234
0008	8.2	-G143（控制马达-V113）的规定值	231
0008	8.3	关闭极限位置（风门位置）	234
0008	8.4	打开极限位置（风门位置）	22
0008	9.1	左侧脚部空间出风口温度传感器-G261	231
0008	9.2	右侧脚部空间出风口温度传感器-G262	49.2
0008	9.3	左侧出风口温度传感器-G150	34.2
0008	9.4	右侧出风口温度传感器-G151	49.2
0008	10.1	蒸发器通风温度传感器-G263	25.2
0008	10.3	当前适用环境温度的计算值	15.0
0008	10.4	周围环境温度传感器-G17	-2.5
0008	11.1	仪表板温度传感器-G56	9.0
			18.0

图3-13　左右出风口温度数据

诊断仪检查数据与实际数据一致，说明右侧暖风确实不热，重点应检查右侧冷热风门（混合风门）是否能正常开闭和暖风热交热器左右侧是否一致。

首先检查暖风热交换器的进水管和出水管温度，发现基本一致，初步说明暖风热交换器循环正常。拆掉中央仪表台下装饰板，用红外测温仪检查暖风热交换器两侧温度，发现热交换器左侧温度接近发动机冷却液温度（90℃左右），而右侧则只有36℃左右。从检查结果分析应该是暖风热交换器部分堵塞，拆下暖风热交换器发现内部有胶状物，如图3-14所示。

图3-14　暖风热交换器内部堵塞

4. 排除故障与总结

更换暖风热交换器，并用专用清洗剂清洗整个冷却液循环管路。暖风热交换器左侧为进水管和出水管接口，异物进入热交换器被水流冲到后面沉淀和积累并最终使右侧水路堵塞。

在这里需要注意，暖风热交换器的内部类似工字形结构，后部堵塞并不影响前部正常循环；切莫因为暖风热交换器进/出水管温差正常（图3-15）就判定暖风热交换器循环良好。

图3-15　暖风热交换器的进/出水管

六、总结

1）暖风系统的组成。

2）暖风系统的功能。

3）暖风不热的可能原因有：

① 发动机温度低导致暖风不热。

② 暖风水箱温度太低或是部分太低。

③ 由于混合风门调节不当导致暖风不热。

4）车辆在停止时暖风正常，一旦车速超过某个特定车速（一般是 50~70km/h）暖风效果迅速下降，这种情况是典型的节温器关闭不严所致。

任务六　天窗系统工作不正常

任务导入

张先生爱车的天窗无法打开，这给张先生用车带来很大不便，经维修人员建议，张先生来店进行维修。

一、故障定义

天窗系统工作不正常故障：指天窗或天窗遮阳帘无法打开或关闭的故障。

二、任务目标

1. 知识目标

1）能够描述天窗系统的组成。

2）能够描述天窗系统工作不正常的可能因素有哪些。

3）能够描述天窗开闭的控制策略。

4）能够识别并且会使用检测本故障所需的专用工具和设备。

2. 技能目标

1）能够准确识别天窗系统工作不正常的故障现象。

2）能够正常操作天窗系统的各项功能。

3）能够应用诊断方法分析天窗系统故障原因并检查排除。

4）能够正确使用仪器与设备进行检查与分析。

5）能够通过天窗应急操作方法打开和关闭天窗。

三、天窗系统相关知识

1. 天窗系统的组成

天窗系统主要由天窗框架、天窗玻璃盖板、天窗电动机、天窗卷帘、遮阳帘电动机、排水管、密封条、挡风网、天窗开关等相关部件组成,如图3-16所示。

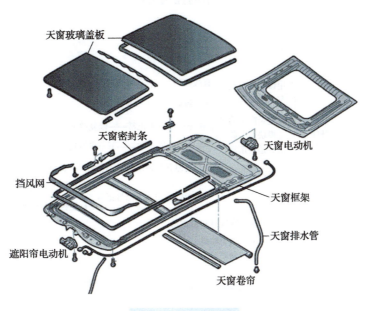

图3-16 天窗结构

2. 天窗的功用

天窗可以使车内进入更多光线,开阔视野;使人能够亲密接触大自然,心情愉悦;营造出乘坐敞篷车的空间感,但又不会让人感到猛烈的风力。天窗系统利用负压换气原理进行换气,即车辆快速行驶时在车顶处产生负压,将车内的空气抽出而不是直接进风,使车内换气迅速、柔和,同时还可快速降低车内温度。

3. 天窗的工作原理

天窗系统接收天窗操作开关的挡位请求信息,然后控制天窗执行打开、关闭或部分开启、上翻等相关功能,如图3-17所示。工作时天窗电动机将转矩由驱动齿轮传给滑动螺杆,根据天窗电动机的正反转向来决定天窗是打开或关闭。天窗电动机通过限位开关来识别天窗完全打开或完全关闭位置,防止天窗电动机过负载工作。

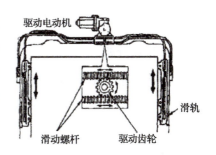

图3-17 天窗工作原理图

4. 天窗的控制策略

天窗在关闭时有防夹功能,当天窗关闭阻力超过规定力矩时天窗会朝打开方向运行。天窗轨道脏污发卡也会导致天窗快关闭时又自动打开，此时需用专用清洗剂和润滑脂进行清洗润滑。部分车型支持天窗舒适开启/关闭，这种模式在上锁或解锁时长按相关键即可实现天窗关闭或是打开，达到通风换气的目的。天窗系统都有一个应急开启装置，一般在驱动电动机中间，可以通过专用工具手动关闭或打开天窗；装备有事故预防系统的车辆在识别到有碰撞风险时会自动关闭天窗，这种情况是正常的控制策略。

四、天窗工作不正常诊断思路

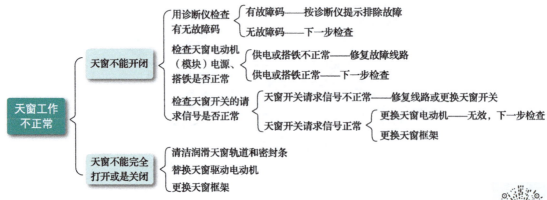

五、故障实例排查

演示视频7

1. 问询、记录车辆信息

车型	C7 PA-1.8T	发动机型号	CYYA	变速器型号	0CK
VIN	LFV3A24G3H30*****			行驶里程	11560km
故障现象	奥迪A6L-C7 PA仪表多个故障灯点亮且天窗无法动作			故障频率	偶发多次

2. 故障现象确认

检查车辆，发现天窗不能正常工作，同时仪表ESP、ABS、TPMS、安全气囊等多个故障灯点亮。确认为天窗系统工作不正常故障。

3. 诊断分析

工具准备：通用工具、诊断仪、万用表。

用诊断仪检查，多个控制单元有"VAG00457车载电源控制单元无信号通信静态/主动"故障码，46舒适系统控制单元内的故障码如图3-18所示。

根据上述检查初步分析可能原因是J519车载电源控制单元供电/搭铁不正常；J519的舒适总线存在断路现象；J519自身存在质量问题。天窗无法动作是因为车顶控制单元是J393的LIN总线用户，初步分析在这路LIN线中有断路或短路现象，当然也有可能是由于个别LIN

用户（控制单元）自身损坏导致整个 LIN 支路无法通信。

```
故障存储器记录:
  故障存储器记录
  编号:                    VAG00457: 车载电源控制单元
  故障类型 1:              无信号/通信
  故障类型 2:              静态
  标准环境条件:

  故障存储器记录
  编号:                    VAG02907: 车顶卷帘控制单元
  故障类型 1:              无信号/通信
  故障类型 2:              静态
  标准环境条件:

  故障存储器记录
  编号:                    VAG01134: 警报喇叭
  故障类型 1:              无信号/通信
  故障类型 2:              静态
  标准环境条件:

  故障存储器记录
  编号:                    VAG03156: 防盗警报传感器
  故障类型 1:              无信号/通信
  故障类型 2:              静态
  标准环境条件:

  故障存储器记录
  编号:                    VAG01512: 天窗控制单元
  故障类型 1:              无信号/通信
  故障类型 2:              静态
```

图 3-18　舒适系统控制单元内的故障码

4. 排除故障与总结

如图 3-19 所示，首先检查 J519 和 J245 的供电，均正常，检查上述控制单元的搭铁线，也没有发现异常。检查 J519 到 CAN 分离插接器，没有短路和断路现象，难道是 J519 损坏了？将 J519 控制单元分解后检查，没有进水痕迹（J519 常见因进水损坏），将 J519 插接器装复后发现故障再次出现。来回晃动 J519 插接器发现故障时有时无，说明线路存在虚接现象。经过检查发现是位于 A 柱下方的 "44#" 搭铁点固定螺母松动，紧固该螺母后故障消除。

本案例乍一看天窗不能动故障和仪表 ESP、ABS、TPMS、安全气囊等多个故障灯点亮好像是两个互不相干的故障现象，但最终原因却是因为同一个搭铁点松动引起。通过该故障再次提醒我们，在排查多个同时出现的故障现象时，一定要先查阅电路图，看它们有什么内在联系，这样能提高诊断效率。切记不要乱了阵脚，也可以先按一个故障原因查找直到本故障排除，也能找到故障原因。

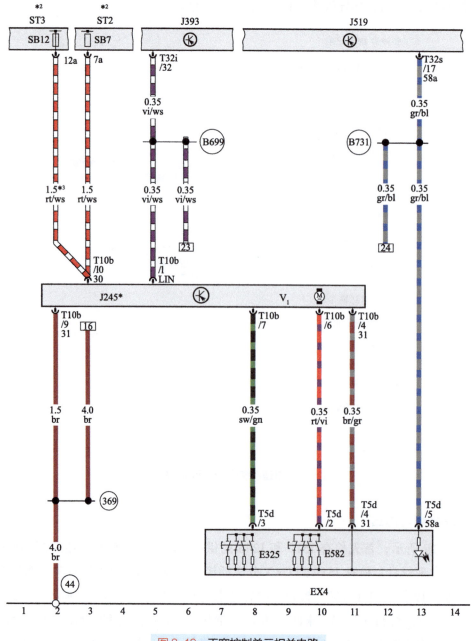

图 3-19 天窗控制单元相关电路

六、总结

1) 天窗系统的组成。

2) 天窗的功能主要是通风换气、可快速降低车内温度、车内视野开阔、驾乘舒适感好。

3) 天窗不能动作应主要从天窗开关请求信号、天窗电动机（模块）电源、天窗电动机本身以及天窗框架是否存在机械卡滞这几方面进行诊断分析。

4）天窗电动机都有过热保护功能，在夏天气温较高时，多次连续运行天窗可能会导致由于热保持而停止工作，要注意这种情况不是故障。

任务七 安全气囊系统工作不正常

任务导入

张先生的奥迪 A4L-B9 车辆在正常行驶过程中仪表气囊警告灯突然点亮，因涉及车辆安全，张先生咨询 4S 店后，将车开至店内进行维修。

一、故障定义

安全气囊系统工作不正常故障：指车辆仪表气囊指示灯亮起，用诊断仪检查时系统存在和气囊相关的故障码。

二、任务目标

1. 知识目标

1）能够描述气囊系统的组成。

2）能够描述气囊系统工作不正常的可能因素有哪些。

3）能够描述气囊系统的控制策略。

4）能够描述气囊系统的拆装安全注意事项。

5）能够识别并且会使用检测本故障所需的专用工具和设备。

2. 技能目标

1）能够准确识别气囊系统工作不正常的故障现象。

2）能够熟练拆装气囊系统的各个组成元件。

3）能够应用诊断方法分析气囊系统故障原因并检查排除。

4）能够正确使用仪器与设备进行检查与分析。

三、安全气囊系统相关知识

1. 安全气囊的组成功用

安全气囊系统（Supplemental Restraint System，SRS）由碰撞传感器、控制单元、气囊、爆燃式安全带张紧器、螺旋电缆单元等组成，如图 3-20 所示。安全气囊是座椅安全带的辅助装置，只有在正确使用安全带的基础上，该系统才能充分发挥保护驾驶员和乘员的作用。安全气囊是整车被动安全性的重要组成部分，在车辆发生碰撞时气囊可使驾驶员和乘客受到像气垫那样的缓冲减振。常见的安全气囊有前排头部气囊、侧面安全气囊、侧气帘和膝部气囊。前排头部气囊分别安装在转向盘下方和仪表板的右部，重点保护驾驶员和乘客的胸部和面部；侧面安全气囊安装在前排座椅的侧面，保护前排乘员在侧面碰撞时减少因车舱变形而造成的严重伤害；侧气帘左右各一个，安装在 B 柱、C 柱，保护前后排乘员的头部和腰部；膝部气囊安装于座椅前方，重点保护驾驶员和乘客的膝盖。

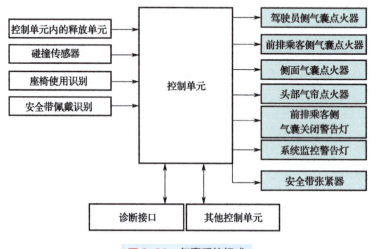

图 3-20　气囊系统组成

2. 安全气囊的工作原理

安全气囊传感器可以监控车身前部 60° 范围内的危险，侧面传感器分别监控车身侧面 60° 范围内的危险。当汽车遭受前方一定角度碰撞时，安装在汽车前部角上的碰撞传感器根据撞车性质和强度，将检测到的汽车突然减速的情况变成电压信号，输送给 SRS 控制单元，以便判断是否发生碰撞。气囊为终端引爆元件。控制单元接通气囊组件中的点火器（电雷管）电路，电雷管引爆使点火剂（炸药）受热爆炸（电热丝通电发热引爆炸药）。点火剂引爆时，迅速产生大量的热量，使充气剂（叠氮化钠固体药片）受热分解，释放出大量的氮气，使气囊完全打开，将人体与车内部件之间的硬性碰撞变成弹性碰撞，通过气囊的变形和排气节流来吸收人体碰撞产生的能量，从而达到保护人体的作用。

3. 气囊碰撞后的控制策略

1）通过电话/远程呼叫和紧急救援控制单元进行紧急呼叫。

2）车辆中控锁解锁。

3）车内照明开启。

4）危险警告灯开启，由中央舒适控制单元操作。

5）切断发动机的燃油供给。

6）切断蓄电池主电源供给。

4. 气囊检修注意事项

1）在断开或安装安全气囊时一定要先断开蓄电池 3min 后再拆装。切记不要带电作业或是刚一断电就开始作业，要让气囊控制单元内的备用电容充分放电。

2）在检修作业过程中禁止用万用表直接测量气囊电阻，这种情况有引爆气囊的危险；正确做法是通过诊断仪相关诊断程序进行测量，或是通过替用电阻来间接判断气囊是否失效。

3）在气囊控制单元附近切忌使用锤子或是其他容易引起较大振动的工具，否则气囊有引爆的可能；如拆装或钣金确需相关操作，需断电后作业。

4）在安装气囊控制单元时注意其安装方向和安装平面的可靠性。

5）在断开转向管柱或是拆下螺旋电缆时，一定要保证螺旋电缆的位置保持在锁定位置，否则会因转动角度过大而损坏螺旋电缆（螺旋电缆最大可转动 5 圈，实际车辆最大转角为 3 圈）。

5. 安全气囊系统的常见故障与诊断分析

安全气囊常见故障有气囊电阻过高或气囊电阻过低，该系统自诊断能力很强，一旦系统识别到故障就会点亮气囊警告灯，在这种情况下安全气囊退出正常工作（也就是说气囊不会引爆）。此时必须通过诊断仪来查询相关故障码，并严格根据诊断仪提示检查相关系统。对于气囊电阻过高，一般是相关气囊插接器存在虚接而产生接触电阻，导致气囊整体电阻值上升；而气囊电阻过低一般是线路短路或是插接器短路片短路所致。

四、安全气囊诊断分析逻辑图

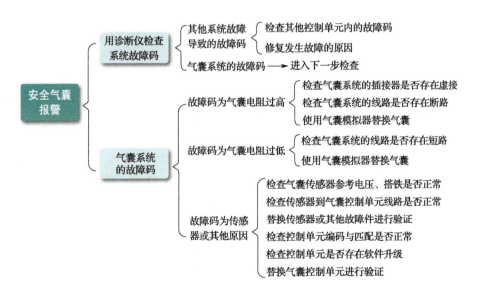

五、故障实例排查

1. 问询、记录车辆信息

车型	B9-2.0T	发动机型号	CWN	变速器型号	0CK
VIN	LFV3A28W1H3******			行驶里程	12504km
故障现象	奥迪A4L仪表安全气囊灯点亮			故障频率	一直持续

2. 故障现象确认

打开点火开关,仪表气囊指示灯亮起,确认为安全气囊工作不正常故障。

3. 诊断分析

工具准备:通用工具、诊断仪、气囊模拟电阻、万用表。

用诊断仪检查,气囊控制单元内有故障码"副驾驶安全气囊引爆装置电阻过高"。进一步读取数据流发现前排乘客侧安全气囊引爆装置电阻显示过高,如图3-21所示。

图3-21 诊断数据块异常

根据以上检查,初步分析可能是前排乘客侧气囊插接器存在虚接、前排乘客侧气囊线束存在断路以及前排乘客侧气囊引爆装置本身电阻存在故障。

4. 排除故障与总结

首先使用2.8Ω的电阻替换前排乘客侧气囊进行测试,无效。测量气囊控制单元到前排乘客侧气囊引爆器线路电阻,发现其中的一根灰色线存在47Ω的电阻,如图3-22所示。

打开相关线束详细检查,最终发现前排乘客侧安全气囊引爆装置线路有一处被刀片割伤,如图3-23所示,线路在此处存在明显的虚接现象。修复线束后气囊警告灯熄灭。

该车因事故拆装车内座椅与装饰件,在维修线路时不小心将线路割伤,安装时也没有仔细检查,最终导致了人为故障。

项目三　车身电气系统常见故障诊断与检测

图3-22　模拟电阻检查

图3-23　前排乘客侧安全气囊引爆装置线束割断

六、总结

1）安全气囊系统（SRS）由碰撞传感器、控制单元、气囊、爆燃式安全带张紧器、螺旋电缆单元等组成。

2）气囊检修注意事项（见安全气囊系统相关知识）。

3）安全气囊是座椅安全带的辅助装置，只有在正确使用安全带的基础上，该系统才能充分发挥保护驾驶员和乘员的作用。

4）气囊是否引爆与撞碰时的减速度和角度有关，不是所有的事故气囊都会引爆。

5）气囊电阻采用诊断仪读取或模拟电阻替换的方式检查，严禁直接用万用表测量气囊电阻。

项目四 驾驶员辅助系统常见故障诊断与检测

任务一 车道保持系统工作不正常

任务导入

张先生最近发现自己的奥迪 A6L-C8 车道保持系统一直不能正常使用，咨询维修人员后张先生驱车来店维修。

一、故障定义

车道保持系统工作不正常故障：指车辆车道保持系统功能不可用，同时仪表车道保持系统黄灯亮起的故障。

二、任务目标

1. 知识目标

1）能够描述车道保持系统的组成。
2）能够描述车道保持系统工作不正常的可能因素有哪些。
3）能够描述车道保持的控制策略。
4）能够识别并且会使用检测本故障所需的专用工具和设备。

2. 技能目标

1）能够准确识别车道保持系统工作不正常的故障现象。
2）能够熟练拆装车道保持系统的各个组成元件。
3）能够应用诊断方法分析车道保持系统故障原因并检查排除。
4）能够正确使用仪器与设备进行车道保持系统的校准。

三、车道保持系统相关知识

车道保持系统主要是利用摄像机来识别车道线，当达到设定车速（不同品牌车速设定不同，大体在 60~70km/h 的范围之内）且车辆靠近某一侧车道线的边界时，车辆会通过仪表显示屏显示警示信息和转向盘振动来提醒驾驶员车辆偏离了当前车道。如果车辆配置了电动转向机，还可升级为主动式车道保持。主动式车道保持除了具备车道保持的功能外，还可以对即将驶离车道线的车辆行驶轨迹进行修正（控制电动转向机进行转向），使车辆一直保持在当前车道线内。

1. 车道保持系统结构组成（以奥迪车型为例）

车道保持系统主要由车道保持控制单元 J759、车道保持开关 E517（从 2018 年奥迪 A8L-D5 开始，部分车型取消了车道保持系统的物理按键，改为在 MIB 多媒体交互界面中激活或关闭）、带振动电动机的转向盘、多功能转向盘控制单元 J453 组成，如图 4-1 所示，同时该系统正常工作也需要其他相关控制单元的数据，如 ABS 的车速信息、组合仪表的车道保持系统状态和警示信息显示、多媒体交互系统 J794 工作模式设定、转向柱控制单元的转向信息等数据。

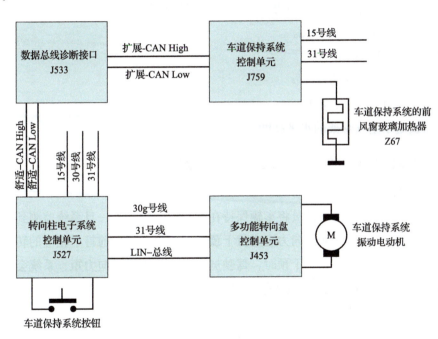

图 4-1　车道保持系统结构组成

2. 车道保持系统的激活条件

1）车道保持开关处于闭合状态。

2）当前车速高于 65km/h（奔驰高于 60km/h，宝马高于 70km/h）。

3）可以至少识别出一条车道线（早期车型必须识别出两条车道线）。

4）车道宽度不小于 2.5m 或不大于 5m。

5）转弯半径很小。

6）系统识别到手在转向盘上。

7）车道保持系统无故障码存储。

3. 车道保持系统的工作状态

图4-2所示为车道保持系统图标，不同车型的显示图标不完全相同，但从图标表达的意思都可以看出是车道保持（具体车型图标可参见相关使用说明书）。灰色图标表明系统已关闭，黄色图标表明系统已激活但无法正常工作，绿色图标表明系统已激活可以正常工作。

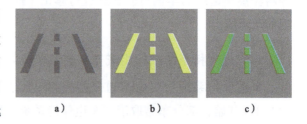

图4-2 车道保持系统图标

4. 车道保持系统需要校准的原因

1）车道保持控制单元内有故障码"基本设置未进行或基本设置不正确"。

2）更换了车道保持控制单元。

3）更换了前风窗玻璃。

4）重新调整了后轮前束。

5）因为改装改变了底盘高度。

6）重新设定了空气悬架的水平高度。

5. 主动式车道保持系统的工作模式（带有电动转向机）

（1）转向干预"早"

在此模式下系统将帮助驾驶员将车辆保持在车道线的中间，一旦系统监测到车辆不处于车道线的中间时就会通过施加转向力矩进行干预。如果驾驶员提前打了相应的转向灯则不会进行转向干预。当正在进行转向干预时，驾驶员朝反方向施加转向力矩，系统会识别这一操作并退出转向干预（以驾驶的转向意图为主）。

（2）转向干预"晚"

在此模式下系统将帮助驾驶员防止车辆偏离当前车道线，只有系统监测到车辆即将到达车道边界线时才会进行转向干预。其他转向干预控制策略和转向干预"早"是一致的。

6. 校准前部摄像机

（1）需要用到的专用工具

四轮定位仪（带有奥迪所有车型的数据）、诊断仪、调校装置VAS6430，如图4-3所示。

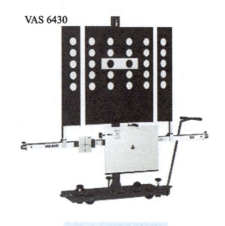

图4-3 调校装置

（2）校准操作流程

1）在四轮定位仪内选择对应的车型和底盘类型，并选择"前部辅助系统摄像机校准"快速起动。

2）根据四轮定位仪提示将后轮测量装置安装到车上，并做后轮轮辋跳动补偿。

3）将 VAS6430 按距离 A：150cm±2.5cm（从前车轮轮毂中心至 VAS6430 的调校条）定位。

4）将前轮测量值接收器装到 VAS6430 上，如图 4-4 所示。

5）确定 VAS6430 的支撑面和车轮支撑面之间的高度值 A，然后将其输入到四轮定位仪中，如图 4-5 所示。

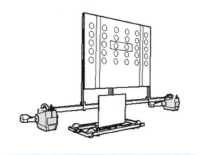

图 4-4　前轮测量值接收器安装位置

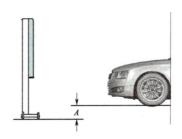

图 4-5　高度值 A 的确定

6）用摇柄 1 根据四轮定位仪将校准板调节到规定高度 2，如图 4-6 所示，注意要松开标尺固定螺栓，保证标尺和地面接触。

7）将校准板的水平气泡都调平，如图 4-7 所示。

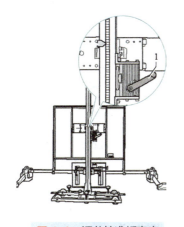

图 4-6　调节校准板高度

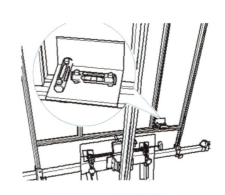

图 4-7　水平气泡位置

8）将 VAS6430 向左或向右移动，直到四轮定位仪上的显示位于公差范围，如图 4-8 所示。

9）旋转精确调节螺栓 1，直到四轮定位仪上的显示位于公差范围，如图 4-9 所示。

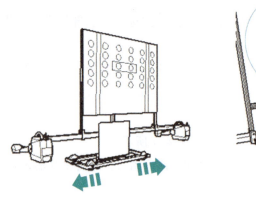

图 4-8 校准板左右位置调节

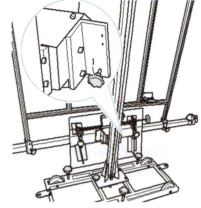

图 4-9 校准板前后调节

10）重新检查校准板气泡是否水平。

11）使用诊断仪引导型功能，在主控单元内选择校准前部辅助摄像机，然后根据诊断仪的提示完成校准。

注意：如果校准不成功，说明在校准过程操作中数据偏差较大，需要重新按上述步骤进行校准。

四、车道保持系统诊断思路

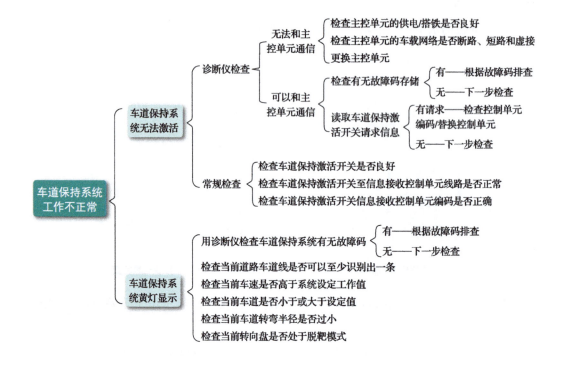

五、故障实例排查

1. 问询、记录车辆信息

车型	C8-3.0T	发动机型号	CTD	变速器型号	0B5
VIN	LFV6A24G6H3******			行驶里程	32804km
故障现象	奥迪A6L车道保持黄灯显示			故障频率	一直

2. 故障现象确认

起动发动机，发现仪表中车道保持黄灯显示。用诊断仪检查，图像信息处理单元J851内有故障码"摄像机校准不正确"，确认为车道保持系统工作不正常故障。

3. 诊断分析

工具准备：通用工具、诊断仪、四轮定位仪、调校装置VAS6430。

经和客户沟通得知，该车在半个月前曾更换过前风窗玻璃，更换前风窗玻璃后按规定必须重新校准摄像机，但之前的维修技工在更换后仅简单地路试了一下功能正常就没有校准前部摄像机。

4. 排除故障与总结

按照维修手册重新校准了前部摄像机后，故障码可以清除；经反复路试确认故障得到解决。

该故障比较简单，但也是在实际工作中碰到比较多的问题，在维修过程中不按标准去做最终出来的结果肯定是无法保障的。所以我们一定要养成按标准和规范操作的习惯，避免产生一些人为的故障。

六、总结

1）车道保持系统是一种利用摄像机来识别车道线，通过仪表显示屏显示警示信息和转向盘振动来提示驾驶员车辆偏离了行驶车道，利用电动转向机进行转向干预，将车辆保持在当前车道的驾驶辅助系统。

2）车道保持系统必须识别出至少一条车道线才能正常工作，所以会受到天气、路面及其他不利因素的影响。

3）车道保持系统和其他需要前部图像信息的控制单元共用一个摄像机，如自适应前照灯和矩阵LED前照灯、交通标志识别、事故预防系统等。

4）车道保持系统不允许脱靶驾驶，且有最低车速限制。

5）主动式车道保持系统可以分为"转向干预早"和"转向干预晚"两种模式。

6）当激活转向灯变换车道时，车道保持系统不会进行转向干预。

任务二　自适应巡航系统工作不正常

任务导入

王先生反映自己的奥迪 A8L-D4 在行驶过程中无法使用自适应巡航系统,这给王先生的驾驶带来很大不便。

一、故障定义

自适应巡航系统工作不正常故障:指车辆仪表自适应巡航(ACC)指示红灯亮起,自适应巡航系统功能不可用的故障。

二、任务目标

1. 知识目标

1)能够描述自适应巡航系统的组成。
2)能够描述自适应巡航系统工作不正常的可能因素有哪些。
3)能够描述自适应巡航系统的控制策略。
4)能够识别并且会使用检测本故障所需的专用工具和设备。

2. 技能目标

1)能够准确识别自适应巡航系统工作不正常的故障现象。
2)能够熟练拆装自适应巡航系统的各个组成元件。
3)能够应用诊断方法分析自适应巡航系统故障原因并检查排除。
4)能够正确使用仪器与设备进行自适应巡航系统的校准。

三、自适应巡航系统相关知识

1. 自适应巡航系统的功用

自适应巡航系统(Adaptive Cruise Control,ACC)指在车辆前部保险杠处安装一个或两个雷达距离感应测算装置,侦测本车与前车的距离。在自适应巡航系统打开后,这个感应器就会侦测前方车辆与本车的距离(根据驾驶员设定的车距和巡航速度计算),巡航控制单元会根据前车行驶速度自动保持这个距离。

2. 自适应巡航系统的结构组成

自适应巡航系统主要由车距调节控制单元(集成雷达传感器,如图4-10所示)、自适应巡航系统操作开关、ABS控制单元、发动机控制单元、变速器控制单元、转向柱控制单元、组合仪表、网关、多媒体操作控制单元、车载电网控制单元以及舒适系统控制单元等组成。

3. 自适应巡航系统的控制策略

1）自适应巡航控制系统一般在车速大于25km/h（部分车型大于30km/h）时才会起作用，而当车速降低到25km/h以下时，就需要驾驶员进行人工控制。通过系统软件的升级，自适应巡航控制系统可以实现"停车/起步"功能，以应对在城市中行驶时频繁的停车和起步情况。自适应巡航控制系统的这种扩展功

图4-10 车距调节控制单元安装位置

能，可以使汽车在非常低的车速时也能与前车保持设定的距离。当前车起步后，自适应巡航控制系统会提醒驾驶员，驾驶员通过踩加速踏板或按下按钮发出信号，车辆就可以起步行驶。

2）在前方无车的道路上，自适应巡航控制系统的作用如同一个定速巡航装置。它保持本车按照存储的期望车速行驶。

3）跟车行驶时，如果本车接近前车，自适应巡航控制系统便会在规定的系统限制范围之内，"要求驾驶员接管驾驶""功能限制"使本车减速，并且在按设定的距离进行适配调整之后尝试控制本车与前车的距离。在适配调整过程中，可能会出现暂时低于预设距离的情况。如果前车加速，自适应巡航控制系统也会加速（最高不超过驾驶员设定的期望车速）。

4）自适应巡航是一种驾驶辅助系统，绝不是驾驶安全系统，也不是全自动驾驶系统，它对固定物体无法做出反应。在转弯半径很小时，雷达视野受到限制，所以会影响系统的功能。

4. 自适应巡航系统的常见故障

1）由于自适应巡航系统是一个信息需求量很大的系统，所以当系统某个必需的信号接收不到或接收到故障信息时（如ABS接收不到某一个轮速传感器信号、某一车门控制单元识别到在行车过程中车门处于打开状态以及其他相关系统产生的故障码），都可能会在车距调节控制单元内产生"数据信息不可信"的故障码，自适应巡航系统会自动关闭。

2）因拆装过前保险杠、车距调节控制单元，更换过车距调节控制单元或是重新调节了四轮定位参数，都需要对车距调节控制单元重新进行校准。否则车距调节控制单元会报故障码"车距调节控制单元未进行基本校准"，巡航系统也会停止工作。

5. 校准车距调节控制单元

（1）需要用到的专用工具

四轮定位仪（带有奥迪所有车型的数据）、诊断仪、调校装置VAS6430（图4-11）、ACC

反射镜 VAS6430/3。

（2）校准操作流程

1）在四轮定位仪内选择对应的车型和底盘类型，并选择"自适应巡航系统校准"快速起动。

2）根据四轮定位仪提示将后轮测量装置安装到车上，并做后轮轮辋跳动补偿。

3）将 ACC 反射镜 VAS6430/3 距奥迪四环的距离调节为（120±2.5）cm，如图 4-12 所示。

4）将前轮测量接收器 1 装到 VAS6430 上，如图 4-13 所示。

图 4-11 带 ACC 校准板的调校装置

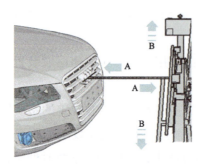

图 4-12 ACC 校准板与车辆之间的距离

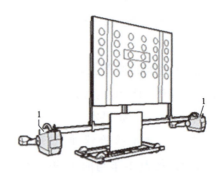

图 4-13 前轮测量接收器安装位置

5）将 ACC 反射镜安装在垂直缝旁右侧（如果有两个车距调节控制单元，则先校右侧的控制单元），如图 4-14 所示。

6）将 ACC 反射镜上的转钮置于 2 位置，以覆盖镜面上的标记（转钮上的数字 2 必须指向汽车），如图 4-15 所示。

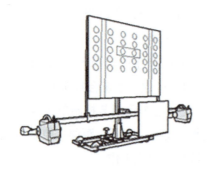

图 4-14 将 ACC 校准板置于支架右侧

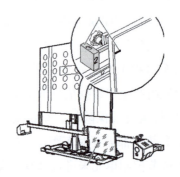

图 4-15 ACC 反射镜的初始位置

7）调节校准装置的水平气泡至水平位置。

8）调节 ACC 反射镜的高度和左右位置，使激光束沿垂直方向射到传感器透镜正中。

9）将四轮定位仪的测量接收器水平气泡调平。

10）使用诊断仪的引导型功能在车距调节控制单元内选择"车距控制单元校准"，根据诊断仪的提示调节车距调节控制单元的调节螺栓（注意：调节过程要小幅慢调，必要时稍微等待一会儿观察数据的变化），如图 4-16 所示。

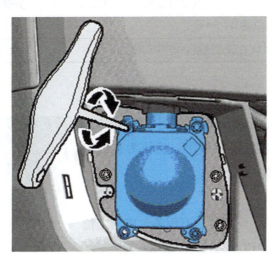

图 4-16　调节车距调节控制单元

11）直到诊断仪显示车距调节控制单元校准成功，则将校准装置移动到左侧进行另一个车距调节控制单元的校准。

四、自适应巡航系统诊断思路

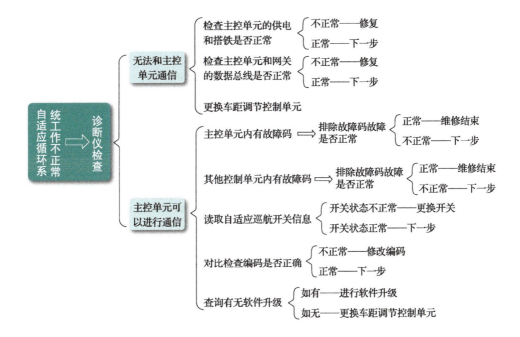

五、故障实例排查

1. 问询、记录车辆信息

车型	D4 3.0T	发动机型号	CGWA	变速器型号	0BK
VIN	WAURGB4H8BN******			行驶里程	94992km
故障现象	奥迪 A8L-D4 自适应巡航功能不可用			故障频率	一直

2. 故障现象确认

起动车辆，仪表显示 ACC 功能不可用（图 4-17），进行路试，自适应巡航功能不能使用，确认为自适应巡航系统工作不正常故障。

3. 诊断分析

工具准备：通用工具、诊断仪、万用表、四轮定位仪、调校装置 VAS6430、ACC 反射镜 VAS6430/3。

图 4-17　仪表显示 ACC 功能不可用

用诊断仪检查，13 车距调节控制单元内故障码如图 4-18 所示，8E 图像处理单元 J851 故障码如图 4-19 所示。

图 4-18　车距调节控制单元故障记录

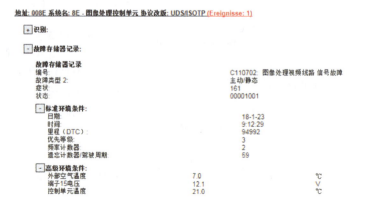

图 4-19　8E 图像处理单元 J851 故障码

根据引导型测试计划提示，检查 J851 图像处理单元和 J852 摄像机控制单元之间的视频线是否存在断路现象。根据电路图（图 4-20）检查视频线，工作正常不存在断路现象。

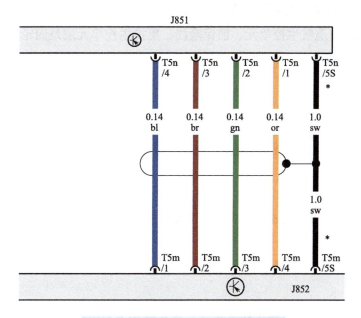

图 4-20　J852 和 J851 之间的视频线

该车实际 J851 和 J852 之间只有两根视频线，用万用表测量没有发现虚接和断路现象。试车发现车道保持系统还可以正常使用。查阅维修资料得知摄像头控制单元 J852 主要功能为拍摄车辆前方区域，将图像传输给图像处理控制单元 J851 和搜索图像中的车道边界线，测定其准确位置和几何形状，并将这些信息传输给控制单元 J851。根据 J851 内故障码，视频信号线存在断路静态故障，而视频线又正常，那么最大可能就是 J851 或 J852 存在内部故障。根据诊断逻辑，内部损坏的控制单元一般不会报自己发生故障，所以决定先更换摄像机控制单元 J852（和摄像机集成在一起）。

4. 排除故障与总结

更换 J852 并做校准后，ACC 功能恢复正常，故障排除。ACC 正常工作涉及的信息很多，之前就碰到过由于中央门锁损坏导致 ACC 无法正常工作。对于涉及 ACC 的故障，如果存在 ACC 系统外的其他故障原因，一定要先排除该故障，在保证相关控制单元无任何故障记录的情况下再进行下一步诊断操作。

六、总结

1）自适应巡航系统是一种利用雷达测距来判断与前车的距离，同时结合自身车速，自动和前车保持安全距离的驾驶辅助系统。

2）自适应巡航系统一般在车速 30~200km/h 之间工作，对于同时配置前部摄像机和泊车辅助系统的车辆可以实现"走走停停"的跟车功能。

3）自适应巡航系统当车道前面没有目标车辆时，工作原理和传统定速巡航一致。

4）自适应巡航系统是一个多信息交流的系统，其中某一个或几个控制单元信息出现误差时都有可能导致自适应巡航系统无法正常工作。

5）在拆装自适应巡航主控单元、前保险杠、更换主控单元或是四轮定位后需要重新对自适应巡航系统进行校准。

任务三 换道辅助（盲点监控）系统工作不正常

任务导入

张先生反映自己的奥迪 Q5 车行驶过程中超车和变道时换道辅助系统不发出警告，请维修人员帮忙检查。

一、故障定义

换道辅助（盲点监控）系统工作不正常：指车辆按下换道辅助系统激活按钮后相关功能不可用的故障。

二、任务目标

1. 知识目标

1）能够描述换道辅助系统的组成。

2）能够描述换道辅助系统工作不正常的可能因素有哪些。

3）能够描述换道辅助系统的控制策略。

4）能够识别并且会使用检测本故障所需的专用工具和设备。

2. 技能目标

1）能够准确识别换道辅助系统工作不正常的故障现象。

2）能够熟练拆装换道辅助系统的各个组成元件。

3）能够应用诊断方法分析换道辅助系统故障原因并检查排除。

4）能够正确使用仪器与设备进行换道辅助系统的校准。

三、换道辅助（盲点监控）系统相关知识

1. 换道辅助系统的功用

换道辅助系统利用雷达传感器监控车辆后方和两侧的环境，在驾驶员变换车道时提供帮

助。监控区域包括驾驶员视觉盲区、驾驶员侧和前排乘客侧区域，监控对象主要为行驶的车辆。当换道辅助系统识别到可能造成事故时，通过后视镜内侧的警告灯亮起或快速闪烁来提示驾驶员潜在的风险。

2. 换道辅助系统的结构组成

换道辅助系统主要由两个位于后保险杠内侧的雷达传感器和控制单元为一体的控制单元、换道辅助开关和集成在左右后视镜内侧的换道辅助警告灯组成，如图4-21所示。

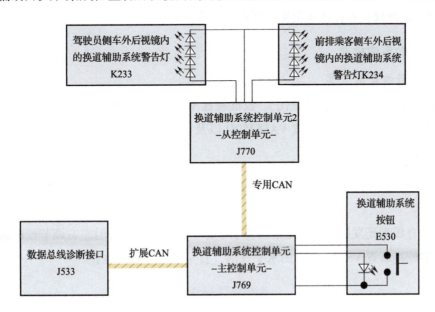

图4-21 换道辅助系统结构

3. 换道辅助系统控制策略

1）换道辅助系统通过专门的开关来激活或是关闭系统。

2）换道辅助系统一般在车速超过60km/h以上时，才会对驾驶员发出警示信息。

3）换道辅助系统只对车辆后部来车进行警示（图4-22）。

4）当本车速度超过了设定车速时，无论是本车超越其他车或是其他车接近本车时都会闪亮相应侧后视镜内侧警告灯来提示驾驶员可能存在的潜在隐患（图4-23）。

图4-22 换道辅助工作范围

图4-23 换道辅助系统警告灯

5）基于换道辅助系统的驾驶员辅助系统还有开门警示、后部横向辅助以及事故预防功能。

4. 换道辅助系统常见故障

该系统为高度集成化系统，故障发生原因较多，常见的情况有：因调整后轮定位参数或是拆装了换道辅助系统控制单元未重新校准导致发生故障，应按标准重新校准；控制单元进水损坏、更换了非原厂保险杠时也会提示故障；当雷达传感器上覆盖了其他东西导致雷达信号的穿透力受到影响时，换道辅助系统会有故障码"视野受限"，应检查雷达传感器；其他方面故障根据诊断仪提示按常规电器故障进行检查。

5. 换道辅助系统校准

（1）需要用的专用工具

激光测距仪（也可以用卷尺替代）、校准装置 VAS6350、车轮中心定位架 VAS6350/1、直线激光发射器、换道辅助校准装置 VAS6350/4 以及诊断仪。

（2）校准操作流程

1）将校准装置 VAS6350 放于车辆后方距左右后轮中心定位板（1700+2）mm 的位置，如图 4-24 所示。

2）打开直线激光发射器，使光束垂直于车标中间位置（必要时左右调节校准装置）。

3）调节校准装置 VSA6350 上的水平气泡，直至都处于水平位置。

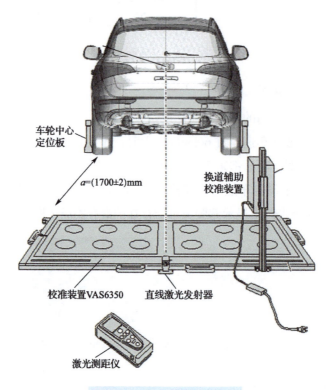

图 4-24 校准装置摆放位置

4）使用诊断仪的引导型功能，在主控单元中找到"换道辅助系统校准"，根据诊断仪提示操作。

5）根据诊断仪提示的主控单元版本信息和维修手册，调节换道辅助校准装置与校准板的高度，如图4-25所示。

6）再次确认校准板的水平气泡、校准板与后轮中心距离符合要求，直线激光发射器光束在垂直于车标的中间位置（必要是调节）。

7）打开换道辅助校准装置上的电源开关，让设备预热片刻，直至设备上的绿色指示灯亮起，如图4-26所示。

8）根据诊断仪提示完成主控单元的校准（一般主控单元在左侧）。

9）将换道辅助校准装置移动到校准板的右侧，然后校准从控单元。

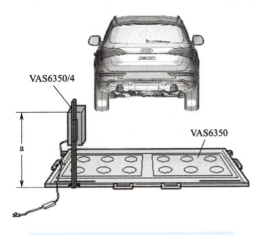

图4-25 换道辅助校准装置的高度位置

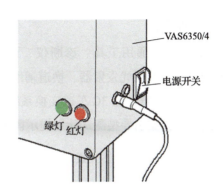

图4-26 换道辅助校准设备指示灯

四、换道辅助系统诊断思路

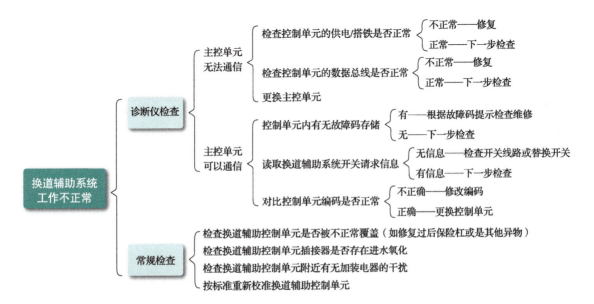

五、故障实例排查

1. 问询、记录车辆信息

车型	Q5 2.0T	发动机型号	CUHA	变速器型号	0BK
VIN	LFV3B28R8H3******			行驶里程	68532km
故障现象	奥迪Q5换道辅助系统不可用			故障频率	一直

2. 故障现象确认

打开点火开关，仪表提示换道辅助系统有故障（图4-27），进行路试，使行驶速度超过60km/h，发现打开换道辅助系统之后不起作用，确认为换道辅助系统工作不正常。

图4-27　仪表提示换道辅助系统故障

3. 诊断分析

工具准备：通用工具、诊断仪、激光测距仪、校准装置VSA6350、车轮中心定位架VAS6350/1、直线激光发射器、换道辅助校准装置VAS6350/4。

用诊断仪检查，在3C车道变换系统控制单元J769内有故障码"B200000 控制单元损坏 主动静态"，根据引导型测试计划提示需要更换主控单元J769，如图4-28所示。

```
地址: 003C 系统名: 3C - 车道变换辅助（UDS） 协议改版: UDS/ISOTP (Ereignisse: 1)
  + 识别:
  - 故障存储器记录:
      故障存储器记录
      编号:                              B200000: 控制单元损坏
      故障类型 2:                        主动/静态
      症状:                              4187662
      状态:                              00001001
      - 标准环境条件:
          日期:                          17-12-11
          时间:                          7:21:08
          里程（DTC）:                   9456
          优先等级:                      3
          频率计数器:                    1
          遗忘计数器/驾驶周期:           255
```

图4-28　换道辅助主控单元内的故障码

4. 排除故障

更换位于后保险杠内左侧的换道辅助主控单元J769并做在线编码，注意更换完控制单元后一定要做换道辅助控制单元校准。

六、总结

1）换道辅助又称盲点监控，是一种利用位于后保险杠两侧的雷达传感器监测相邻车道接近时变道的潜在隐患，及时提醒驾驶员注意安全的驾驶辅助系统。

2）换道辅助系统只有在车速达到 60km/h 以上时，才会进行报警提示。

3）换道辅助系统在更换主、从控制单元，拆下后保险杠或是拆下主、从控制单元以及控制单元中有故障码"未进行或错误的基本设置"时需要重新校准换道辅助系统。

4）换道辅助系统雷达传感器受到异常覆盖时会出现视野受限的故障。

5）换道辅助系统是实现开门警示、后部横向辅助和事故预防功能的基础系统。

任务四 车周摄像系统工作不正常

任务导入

张先生反映自己的爱车车周摄像系统经常无法显示图像信息，在泊车时很不方便，希望维修人员能帮忙解决一下。

一、故障定义

车周摄像系统工作不正常：指激活车辆泊车辅助系统后中央显示屏不显示图像信息或只显示部分图像信息的故障。

二、任务目标

1. 知识目标

1）能够描述车周摄像系统的组成。

2）能够描述车周摄像系统工作不正常的可能因素有哪些。

3）能够描述车周摄像系统的控制策略。

4）能够识别并且会使用检测本故障所需的专用工具和设备。

2. 技能目标

1）能够准确识别车周摄像系统工作不正常的故障现象。

2）能够熟练拆装车周摄像系统的各个组成元件。

3）能够应用诊断方法分析车周摄像系统故障原因并检查排除。

4）能够正确使用仪器与设备进行车周摄像系统的校准。

三、车周摄像系统相关知识

1. 车周摄像系统结构组成

车周摄像系统也称车载环视显示系统或360°汽车全景环视系统,主要由4个广角摄像机和一个主控单元组成,如图4-29所示。前部广角摄像机安装在前保险杠散热格栅中间位置,侧面两个广角摄像机安装在左右外后视镜壳体下部,后部摄像机安装在行李舱盖把手上。

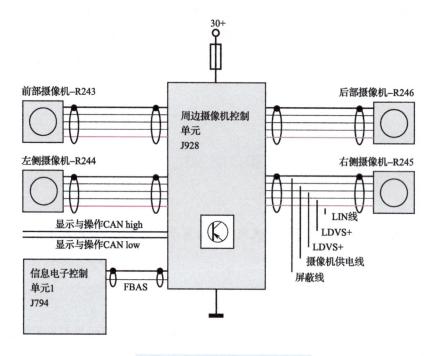

图4-29 车周摄像系统结构组成

2. 车周摄像系统的主要功用

该系统可以在泊车和掉头时为用户提供车辆周围情况的各种视角,防止因视线问题产生的安全隐患。

3. 车周摄像系统的显示模式

(1)俯视模式(图4-30)

(2)前视模式(图4-31)

图4-30 俯视图像

图4-31 前视图像

（3）后视模式（图4-32）

（4）横向泊车模式（图4-33）

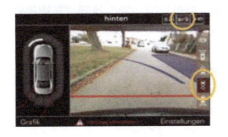

图4-32　后视模式

图4-33　横向泊车图像

（5）前部视角模式（图4-34）

（6）后部视角模式（图4-35）

图4-34　前部视角图像

图4-35　后部视角图像

4. 车周摄像系统控制策略

车周摄像系统可以选择自动激活或手动激活。当选择自动激活时，挂入倒档显示后部图像，挂入D位时显示前部图像；设置为手动激活时，只有按下泊车辅助按钮才会显示前部图像；在任何一个显示模式都可以通过右侧的菜单来选择你想要显示的模式（图像）；当挂入倒档激活系统时，在车速达到10km/h时自动关闭图像；当使用泊车辅助按钮激活系统时，在车速超过30km/h后显示图像自动关闭，防止影响驾驶员注意力。

5. 车周摄像机校准

（1）校准所需要的专用工具有校准装置VAS721001和诊断仪。

（2）校准操作流程

1）将汽车放于坚固、平坦的开阔地面，并且将前轮置于正前位置。

2）非空气悬架车辆反复将弹簧压缩到底，然后使其衰减恢复。

3）拉紧驻车制动，并关闭四门两盖。

4）确保外后视镜已翻出，并清洁所有摄像头。

5）将两侧校准装置安放到位（注意确保其距离精确）。

6）确保校准装置上的十字标志与前轮中心对准。

7）车内不得坐人。

8）车辆处于空载状态。

9）接好蓄电池充电器。

10）使用诊断仪的引导型功能，在驾驶员辅助主控单元的功能内找到"车周摄像机校准"。

11）根据诊断仪提示完成车周摄像机校准（图4-36）。

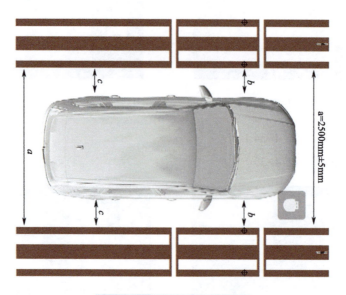

图4-36　校准装置摆放位置

四、车周摄像系统故障诊断思路

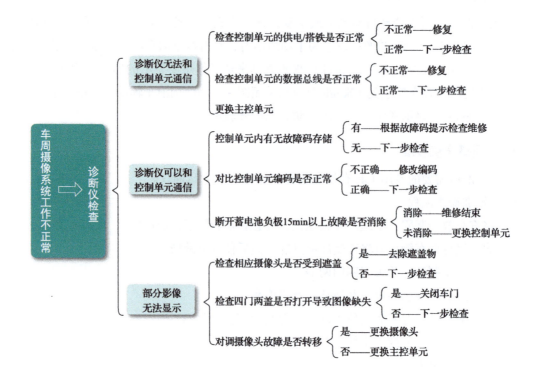

五、故障实例排查

1. 问询、记录车辆信息

车型	C8 2.0T	发动机型号	CUHA	变速器型号	0CK
VIN	LFV3A24K7K3******			行驶里程	10235km
故障现象	奥迪 A6L-C8 偶发性不显示图像			故障频率	偶发

2. 故障现象确认

打开点火开关，起动车辆，挂入倒挡，多次尝试，车周摄像系统有时显示不正常，确认为车周摄像机工作不正常。

3. 诊断分析

工具准备：通用工具、诊断仪、校准装置 VAS721001。

用诊断仪检查，驾驶员辅助系统控制单元 J1121 内有故障码"C12D5FA 图像处理器没有反应"，如图 4-37 所示。

图 4-37　车周摄像系统主控单元内的故障码

根据引导型故障提示检查当前图像功能正常，诊断仪无法给出准确结果。由于客户多次反映出现该故障，且故障码为图像处理器没有反应，该图像处理器集成在主控单元 J1121 内，判断是主控单元内部间歇性工作不良。

4. 排除故障与总结

尝试更换主控单元 J1121 并进行校准，维修后经过长时间客户回访，故障没有再出现。
对于偶发故障需要通过常规检查，询问故障出现时的条件、频率以及诊断是否有相关故障码然后进行综合分析判断，对可疑部件进行替换跟踪来解决故障。

六、总结

1）车周摄像系统主要是在泊车或掉头时方便驾驶员看到视觉盲区的图像，防止出现安全隐患。

2）车周摄像系统一般有 6 种显示模式，驾驶员可以根据需要自行确定任一种显示模式。

3）车周摄像系统在自动激活（倒档）状态下，车速超过 10km/h 就会关闭图像信息；而在手动激活状态下车速达到 30km/h 才会关闭图像信息。

4）拆装车周摄像机、更换主控单元或是主控单元内报码"基本设置不正确或无基本设置"时需要做车周摄像机校准。

5）打开四门两盖会导致图像部分缺失（注意：在这里指主控单元收到车门打开信息，并不一定是车门实际处于开启状态）。

任务五　自动泊车辅助系统工作不正常

任务导入

客户反映自己的奥迪 A3 在泊车时泊车辅助系统经常不可用，请维修人员尽快帮忙修复。

一、故障定义

自动泊车辅助系统工作不正常：指仪表泊车辅助系统故障灯常亮，无法激活泊车辅助功能。

二、任务目标

1. 知识目标

1）能够描述自动泊车辅助系统的组成。

2）能够描述自动泊车辅助系统工作不正常的可能因素有哪些。

3）能够描述自动泊车辅助系统的控制策略。

4）能够识别并且会使用检测本故障所需的专用工具和设备。

2. 技能目标

1）能够准确识别自动泊车辅助系统工作不正常的故障现象。

2）能够熟练拆装自动泊车辅助系统的各个组成元件。

3）能够应用诊断方法分析自动泊车辅助系统故障原因并检查排除。

4）能够正确使用自动泊车辅助系统功能。

三、自动泊车辅助系统相关知识

1. 自动泊车辅助系统的功能

自动泊车辅助系统可以帮助驾驶员将车辆泊入仅比车本身长 0.8m 的停车空位内或帮助驾驶员将车泊入与道路成 90° 角的停车位内（横向停车位），该辅助系统还可帮助驾驶员将车驶出停车位（一般是指将车从比车本身至少长 0.5m 的纵向停车位驶出）。在泊车过程中驾驶员只需根据仪表提示负责制动和加速，转向由泊车辅助系统来接管。

2. 自动泊车辅助系统结构组成

自动泊车辅助系统主要由 12 个超声波传感器（包括 4 个前部驻车辅助传感器、4 个后部驻车辅助传感器、2 个前部驻车转向辅助传感器、2 个后部驻车转向辅助传感器），蜂鸣器、泊车辅助按钮、电动转向机、组合仪表、网关等相关车载电气元件组成，同时该系统也要获取 ABS 控制单元的车速信息和转向柱控制单元的转向开关信息（图 4-38）。

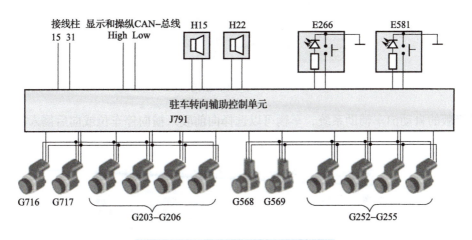

图 4-38　自动泊车辅助系统主要结构

3. 自动泊车工作模式

（1）纵向泊车

只有当车辆驶过停车空位时的车速低于 40 km/h 时，车辆才会去识别这个纵向停车空位是否合适。只有当这个合适的停车空位位于两车之间或者位于一辆车的后面时，系统才会将其显示出来，系统不支持驾驶员将本车停靠到一辆车的前方。如果停车空位比车本身至少长 0.8m，那么系统就认为这个停车位大小是合适的（x+0.8m）（图 4-39）。

图 4-39　纵向泊车

纵向泊车时系统会根据测量停车深度的不同，自动确认最终泊车位置（停车深度 = 本车距路缘石距离 – 本车距参照车距离）。所以最终泊车位置不一定与前车完全相同，这种情况是正常的控制策略。

（2）横向泊车

横向停车位是指停车位与道路成 90° 角。只有当车辆驶过停车空位时的车速低于 30km/h 时，系统才会去识别这个横向停车空位是否合适。如果测得这个停车空位的宽度至少为车宽 +0.7m（图 4–40），那么系统就认为该停车位的宽度是合适的。在这种情况下，泊车辅助系统会帮助驾驶员停靠到两车的中间，按距离 y 来对齐。如果系统测得的停车空位宽度比车宽至少多出了 2.3m（$x+2.3m$），那么系统就认为这是要把车停靠在另一辆车旁，而不是要停靠在两车之间。在这种情况下，泊车辅助系统会帮助驾驶员将车停靠在平行于邻近车且相距 0.75m 的地方。

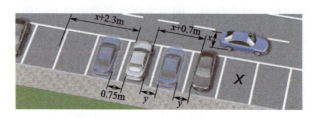

图 4–40 横向泊车

升级版的自动泊车辅助系统，车辆可以选择向前驶入横向停车位或向后倒入横向停车位（图 4–41）。

图 4–41 可选泊车方向

（3）弯道泊车

在弯道处将车泊入纵向停车位时，泊车辅助系统也能提供泊车辅助功能。不论这个纵向停车位在左弯道上还是在右弯道上，该系统均可帮助泊车（图 4–42）。

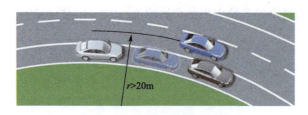

图 4–42 弯道泊车

4. 泊车辅助系统激活和关闭

（1）泊车辅助系统激活

按下泊车辅助系统按键 E581 ，如需选择特定方向泊车，需打开转向开关。

（2）泊车辅助系统的关闭条件

1）已经通过 ESP 按键将 ESP 关闭。

2）本车已接上了挂车。

3）泊车辅助系统有系统故障。

（3）在下述情况下，泊车辅助功能会中止

1）出现 ESP 干预。

2）驾驶员有干预泊车辅助功能的转向动作。

3）超过了 7km/h（最大泊车车速）。

4）通过泊车辅助按键关闭了泊车辅助系统。

5）超过了系统设定的泊车时限。

四、自动泊车辅助系统工作不正常诊断思路

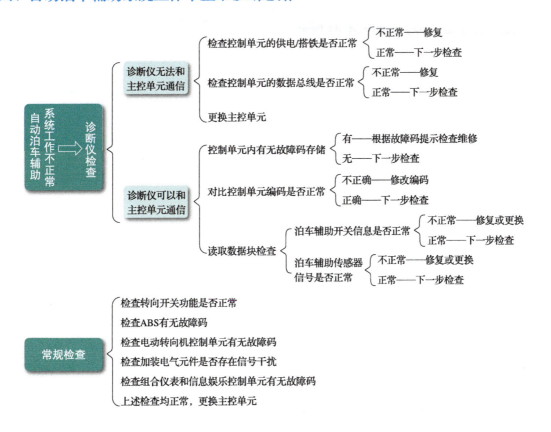

五、故障实例排查

1. 问询、记录车辆信息

车型	A3 1.4T	发动机型号	CSSA	变速器型号	0AM
VIN	LFV3B28U8H3******			行驶里程	8320km
故障现象	奥迪 A3 泊车辅助系统无法正常使用			故障频率	一直

2. 故障现象确认

现场试车发现在车速为 30km/h 左右时按下泊车辅助系统按键，车辆显示屏提示泊车辅助不可用（图 4-43），无法进行泊车辅助，确认为自动泊车辅助系统工作不正常。

图 4-43 MMI 显示屏泊车辅助不可用

3. 诊断分析

工具准备：通用工具、诊断仪、万用表。

用诊断仪检查，76 泊车辅助控制单元内有故障码"B107A14 驻车辅助传感器供电电压断路/对地短路 主动/静态"，如图 4-44 所示。

图 4-44 泊车辅助系统控制单元内的故障码

初步分析可能原因有：

1）泊车辅助传感器参考电压对地短路。

2）传感器内部损坏导致参考电压与搭铁短路。

3）泊车辅助控制单元内部损坏导致不能正确输出参考电压。

演示视频8

4. 排除故障与总结

首先查阅该车相关电路图，如图 4-45、图 4-46 所示。当断开位于前保险杠内侧的 T8v 前部泊车辅助传感器插接器时，MMI 显示后部泊车辅助系统可用；且测量 T8v/2 处前部泊车辅助传感器供电为 11V，符合技术规范供电电压不低于 8.5V 的要求。此时怀疑是前部泊车辅助传感器线束对地短路或是传感器内部损坏。用万用表测量各传感器插接器到 T8v 插接器的线路，不存在短路、断路、虚接现象。尝试找了其他车的 4 个前部泊车辅助传感器，发现只要装上任一个前部泊车辅助传感器，整个传感器供电电压就降为 0V。根据以往维修经验，原车 4 个传感器同时损坏且替换的传感器也全部损坏的可能性极低，此时故障指向泊车辅助控制单元 J446（图 4-47），尝试替换该控制单元后故障消除。

本案例泊车辅助控制单元内部传感器供电系统有故障，导致传感器供电不足，当断开前部所有传感器时刚好能满足后部传感器供电电压，后部泊车辅助传感器可以正常工作。当增加一个前部泊车辅助传感器后，供电平衡被打破，于是整个供电电路由于电压低而无法正常工作。此类故障在售后不常见，可以在类似的故障诊断中作为参考。

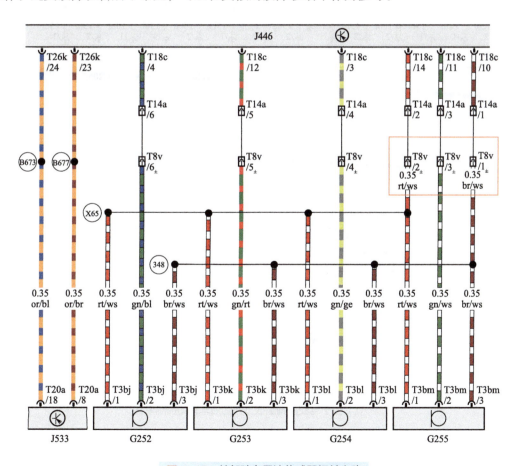

图 4-45 前部驻车雷达传感器相关电路

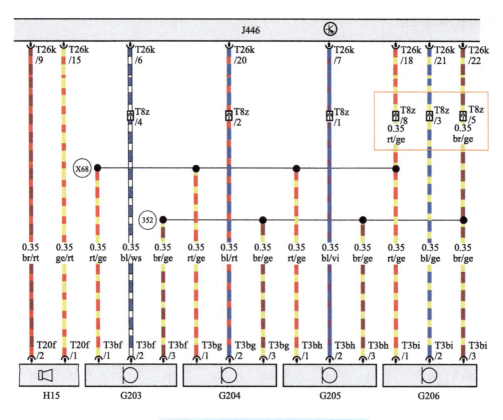

图 4-46 后部驻车雷达传感器相关电路

图 4-47 位于驾驶员脚踏板上方的泊车辅助控制单元

六、总结

1）自动泊车辅助系统主要是利用 12 个超声波传感器来检测停车位与停车时的距离。

2）自动泊车模式激活后驾驶员根据显示屏提示负责切换挡位、控制加速踏板和制动踏板，系统来控制转向盘的转向角度。

3）自动泊车时，纵向泊车查找车位时车速不得高于 40km/h，横向泊车查找车位时车速不得高于 30km/h。

4）泊车过程中车速不能超过 7km/h，泊车时长不得超过 6min，泊车过程不能人为干涉转向盘，当上述条件有一个不满足时自动退出泊车辅助功能。

5）泊车辅助系统默认是靠右侧泊车，当在左侧泊车时需要激活泊车辅助功能后打开左转向灯，此时系统会自动搜索左侧停车位。

任务六　夜视系统工作不正常

任务导入

李先生反映自己的奥迪 A8L-D4 在晚上经常无法打开夜视系统，夜间行车的安全性降低，到站要求排除故障。

一、故障定义

夜视系统工作不正常：指车辆仪表提示夜视系统故障，夜视图像无法激活的故障。

二、任务目标

1. 知识目标

1）能够描述夜视系统的组成。
2）能够描述夜视系统工作不正常的可能因素有哪些。
3）能够描述夜视系统的控制策略。
4）能够识别并且会使用检测本故障所需的专用工具和设备。

2. 技能目标

1）能够准确识别夜视系统工作不正常的故障现象。
2）能够熟练拆装夜视系统的各个组成元件。
3）能够应用诊断方法分析夜视系统故障原因并检查排除。
4）能够正确重新校准夜视系统摄像机。

三、夜视系统相关知识

1. 夜视系统的类型

夜视系统分为主动夜视系统和被动夜视系统。主动夜视系统由红外前照灯、红外摄像机、夜视系统控制单元组成，代表车型是奔驰车型，其主要特点是较冷的物体也可以看见，成像质量较高，可以清楚地看到道路标志，但作用距离比热敏成像夜视系统略短。另一种是被动夜视系统，该系统不需要红外前照灯且探测距离更远；但成像效果受天气和环境亮度影响较大。下面以配备被动夜视系统的奥迪车型为例讲解其具体工作原理与工作模式。

2. 热敏成像式夜视系统结构组成

热敏成像式夜视系统主要由夜视摄像机、夜视系统控制单元、夜视开关、网关、组合仪表及其他车载网络设备组成（图4-48）。

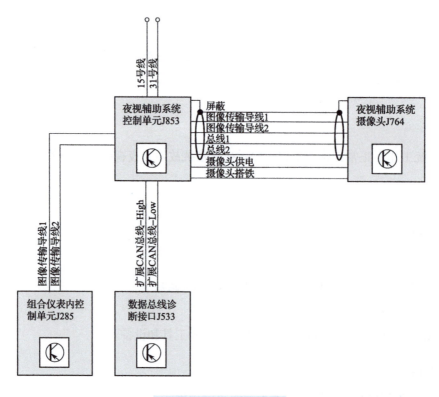

图4-48 夜视系统组成

3. 夜视系统的控制策略

（1）接通夜视功能

在天亮时，随时都可接通夜视辅助系统。在黑暗中，只有当灯开关位于"AUTO"位置或"近光灯"位置（图4-49），才能接通夜视辅助系统。每次接通点火开关后，如

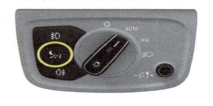

图4-49 夜视开关

果想使用夜视辅助系统，都必须将其再次接通。在断开15号接线柱前存储在车钥匙中的上次系统状态，在这时是无法调用的。一旦接通了夜视辅助系统，那么组合仪表显示屏上就会出现热敏图像，先前显示的信息就简化成为组合仪表上方的一个符号。

（2）对人的识别

1）对人的识别过程非常简单：将有热辐射的物体从其背景中提取出来，与一个标准目录进行对比，以便判断该物体是否为人。

2）如果满足特定的标准，那么该物体就被判定为"人"。

3）当一个物体被判定为"人"后，其热敏图像就会被做上标记，以便让驾驶员在整个图像上更容易看清楚。

4）做上标记就是把这个人像放在一个黄色矩形内，由两个括号包围着（图4-50）。如果在热敏图像中识别出多个人，那么对每个人都会单独做出标记。

图4-50　夜视系统识别到行人

5）如果人不是处于直立状态（比如人是坐着、躺着或者弯腰状态），那么夜视辅助系统就识别不出来。

6）当人在图像上部分被遮挡时（比如人处在停着的车后），那么夜视辅助系统也识别不出来。

（3）识别出行人的前提条件

1）要想给人做上标记，那么人在夜视辅助系统的作用范围内与车辆必须保持15~90m的距离。

2）车和行人都处于运动中。

3）人的比例要独特，彼此能明显区分出来。

4）采用二维图像作为识别的基础。如果人相对于摄像头处于不利位置，那么就会妨碍识别。

5）系统只对一个图像进行分析不能够识别出人，必须实时对一系列连续图像分析才能识别出来。

6）夜视系统可以识别骑自行车的人并做出标记。但是，由于骑车人的弓腰姿势以及腿部的周期性弯曲，所以标记不是一直都有。

7）夜视系统不会识别骑行摩托车的人，因为系统不会针对本身有足够的车身照明度的交通参与者。

（4）夜视系统的警告功能

如果夜视系统识别出人并判断有碰撞危险，就会发出警告。警告方式：组合仪表上发出声响信号，同时摄像头图像的黄色行人标记变成红色（图4-51）。

如果发出警告时正赶上组合仪表显示屏上显示的是其他内容，那么组合仪表上方的夜视系统符号就会从白色变为红色。声响警报也同时响起（只要驾驶员没有将其关闭）。警告并不会使组合仪表显示屏的显示切换到夜视系统图像（图4-52）。

图4-51　夜视系统识别到行人且有碰撞的危险

图4-52　正在发出警告的夜视系统

4. 夜视系统的校准

（1）需要用到的专用工具

四轮定位仪、诊断仪、直线激光器、调校装置VAS6430或调校装置基本套件VAS6430/1和夜视辅助校准仪VAS6430/6（图4-53）。

图4-53　调校装置

（2）校准步骤

1）将四轮定位仪的夹具和测量装置安装到后轮上。

2）在四轮定位计算机中选择夜视系统校准流程。

3）将前轮置于正直位置。

4）连接充电器并关闭四门两盖。

5）将夜视辅助校准仪VAS6430/6放在调校装置基本套件VAS6430/1校准条的中心。

6）将调校装置置于汽车前面与夜视系统摄像头R212透镜之间的距离为（120+2.5）cm的位置（图4-54）。

7）测量并记录汽车轮胎与调校装置的高度差。

8）将直线激光器VAS6350/3装入夜视辅助校准仪VAS6430/6的导向件中并固定（图4-55中箭头）。

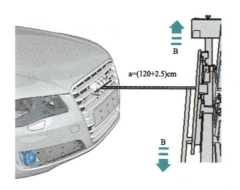

图4-54　调校装置与汽车的距离

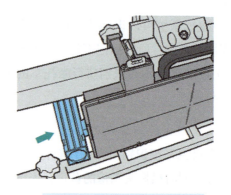

图4-55　直线激光器安装位置

9）转动校准板背面上的曲柄调准激光束，使其沿水平方向射向摄像头镜头中心（图4-56）。

10）将装有前轮定位测量装置的校准装置左右及前后微调，直到符合四轮定位仪的显示公差。

11）检查调校装置上的水平气泡是否正常。

12）接通夜视校准装置的电源进行加热，直至校准板上绿色指示灯亮起并有一个提示声，说明校准板已准备就绪。

13）使用诊断仪的引导型功能，选择夜视系统校准，根据诊断仪提示进行操作。

14）拆下前围板支架盖板，使用内六角扳手根据诊断仪提示缓慢转动摄像机校准螺栓，直至诊断仪显示校准成功（图4-57）。

图4-56　激光束与摄像头平行

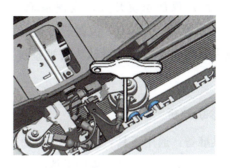

图4-57　调节夜视摄像机角度

四、夜视系统工作不正常诊断思路

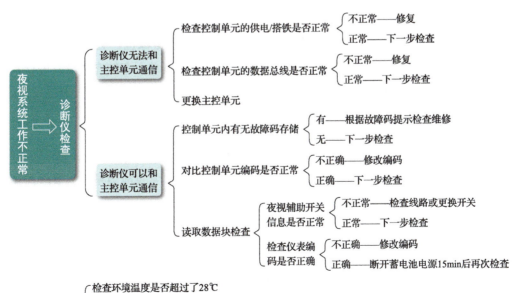

五、故障实例排查

1. 问询、记录车辆信息

车型	A8L-D4	发动机型号	CRE	变速器型号	0BK
VIN	WAUYGB4H2GN******			行驶里程	56234km
故障现象	奥迪A8L夜视系统不可用			故障频率	一直

2. 故障现象确认

起动车辆，仪表显示夜视系统有故障（图4-58），打开夜视系统开关，夜视系统不可用，将灯光开关置于"AUTO"位置或"近光灯"位置，夜视系统也不可用，确认为夜视系统工作不正常。

图4-58 夜视系统报警

3. 诊断分析

工具准备：通用工具、诊断仪、四轮定位仪、直线激光器、调校装置VAS6430或调校装置基本套件VAS6430/1和夜视辅助校准仪VAS6430/6。

用诊断仪检查，夜视控制单元内有故障码"B4107B 夜视摄像机无基本设置"，根据故障码指向需要重新校准夜视系统。经询问，驾驶员前段时间曾更换过前保险杠，应该是由于更换保险杠拆装夜视摄像机后原摄像机角度发生变化，导致夜视系统故障，应重新对夜视系统进行校准。

装配夜视系统的车辆出现以下情况时需要重新校准夜视摄像机：更换了夜视系统摄像头；更换了摄像头支架；更换或拆卸前保险杠；夜视系统控制单元存储有"没有进行基本设定或基本设定错误"的故障码；调整过后桥。

4. 排除故障与总结

根据维修手册重新校准夜视摄像机后系统功能恢复正常。

夜视系统涉及控制较少，在使用中出现故障的频率很低。常见故障是因为事故损坏或拆装后没有进行校准导致夜视系统无法正常工作。

六、总结

1）热敏成像式夜视系统是利用热敏成像的相机对路面交通参与者进行拍照，重点将夜间行人图像识别出来，减小碰撞风险。

2）热敏夜视摄像机对环境温度有要求，当温度超过28℃后系统无法继续工作。

3）夜视系统是一种驾驶员辅助系统，要求在环境亮度不足时需要打开近光灯以便驾驶员更好地观察路面的各种情况。当环境亮度不足时，夜视系统会提示打开灯光，否则系统会停止工作。

4）夜视系统识别到行人时会进行标记，当有碰撞风险时还会通过提示声来提醒驾驶员注意行车安全。

任务七　动态转向系统工作不正常

任务导入

张先生反映奥迪 Q5 转弯时转向角度变大、变重，且仪表动态转向系统报警 ，请维修人员帮忙检查。

一、故障定义

动态转向系统工作不正常：指车辆仪表动态转向故障灯点亮，动态转向不能正常工作的故障。

二、任务目标

1. 知识目标

1）能够描述动态转向系统的组成。
2）能够描述动态转向系统工作不正常的可能因素有哪些。
3）能够描述动态转向系统的控制策略。
4）能够识别并且会使用检测本故障所需的专用工具和设备。

2. 技能目标

1）能够准确识别动态转向系统工作不正常的故障现象。
2）能够熟练拆装动态转向系统的各个组成元件。
3）能够应用诊断方法分析动态转向系统故障原因并检查排除。
4）能够正确重新校准动态转向系统。

三、动态转向系统相关知识

1. 动态转向的功用

在传统的转向系统中，转向盘与转向机之间是以机械方式直接相连的，因此转向盘的转角与转向车轮的转角是固定关系。在选择合适的传动比时，为了能使不同要求尽可能地得到满足,实际所选择的传动比是个折中方案。动态转向系统的转向盘转角与转向车轮转角一般可以实现两条可变的特性曲线,控制单元接收车速和转向盘转角信号依据特性曲线叠加动态转向电动机的力矩以改变转向车轮的实际转向角(图4-59)。

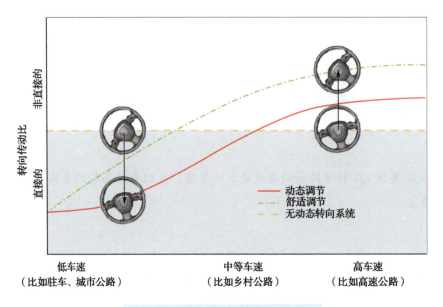

图4-59 动态转向的特性曲线传动比

2. 动态转向系统的组成

动态转向系统在原有转向系统的转向盘、转向机之间增加一个并行的转向执行元件和动态转向控制单元。转向盘和转向机之间的机械式耦合器总是通过这个并行的转向机来保持接合(图4-60)。

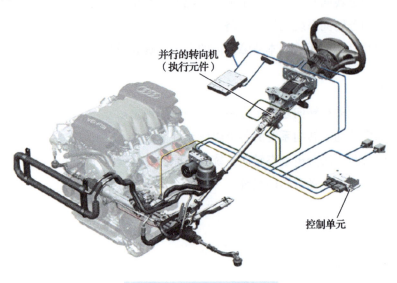

图4-60 动态转向系统组成

动态转向系统在数据信息方面还需要获取：来自 ABS 控制单元的车速、系统状态；来自转角传感器的转向角度、转向角速度、转动方向；来自加速度传感器的横向加速度、横向偏摆率信息；来自发动机控制单元的工况、转速；来自驾驶模式的选择信息及组合仪表的报警显示等相关信息。

（1）动态转向执行元件

转向角的校正是通过执行元件带动转向主动齿轮转动而实现的。这个执行元件由一个轴齿轮构成，轴齿轮用一个电动机来驱动。这套齿轮装置适用于将较快的转动转换成很慢的转动。在装备了动态转向系统时，由电动机直接驱动的齿轮有 100 个齿，输出齿轮是 102 个齿（图 4-61）。

（2）动态转向锁止电磁阀与电动机位置传感器

在故障状态下锁止电磁阀断电，将动态转向机构锁止。在正常工作状态下，只要关闭发动机动态转向电磁阀就锁止了。发动机起动后动态转向电磁阀就会解锁，此时会听到开锁的声音（图 4-62）。

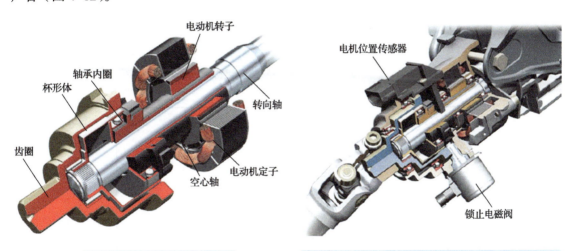

图 4-61 动态转向执行元件　　图 4-62 动态转向锁止电磁阀与电动机位置传感器

空心轴和轴承的相对位置由一个电动机位置传感器来感知。这个传感器就是空心轴上的磁圈。其磁场由一个传感器来感知，这个传感器带有三个霍尔元件。电动机每转 15°（相当于转向盘转 3°）就产生一个信号；该信号被动态转向系统控制单元接收，在关闭点火开关时，控制单元会存储当前的位置信息。在 30 号线突然断电时，通过基准传感器来识别零位。

3. 动态转向系统的控制策略

（1）转向不足

在转向不足时，转动的前轮会迫使车辆驶向道路的外缘（图 4-63）。普通车辆驾驶员都是采用增大转向盘转角的方式来应对（车辆 1），导致轮胎的侧向滑动阻力更小。轮胎和路面之间的静摩擦变成了滑动摩擦，转向失控，车辆滑离道路，这种情况下，ESP也经常起不到帮助作用。配备动态转向的车辆在车辆还没有达到这个程度时，动态转向系统就开始起作用。动态转向系统实施"反向控制"（车辆2）。车轮的实际回转角度小于驾驶员在转向盘上施加的回转角度，由于侧向滑动阻力保持住了，车辆按最小转弯半径行驶，此时再加上ESP的协助，车辆就可以在驾驶员期望的轨迹内行驶。

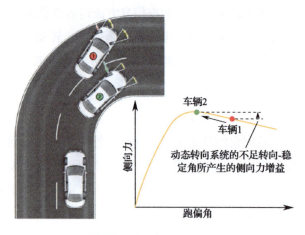

图4-63 转向不足调节

（2）转向过度

在车辆过度转向时，ESP与动态转向系统一同来稳定车辆（图4-64）。这个稳定过程是通过一个有针对性的反转向来实现的，可避免甩尾现象。

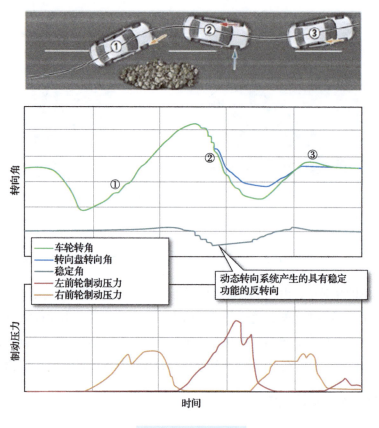

图4-64 转向过度

（3）不同摩擦力路面制动

在这种路面上进行车辆制动，车辆就会向制动力大的一侧偏滑（图4-65）。要想继续向

项目四 驾驶员辅助系统常见故障诊断与检测

前行驶，在没有动态转向系统的车上就由驾驶员来调整转向盘转角，以便补偿这个侧滑。对于装备有动态转向系统的车来说，ESP 和动态转向系统的转角是自动调整的，驾驶员不会感觉到调节过程。由于 ESP 和动态转向系统可以比驾驶员更快更准确地调节所需要的转角，在这种情况下，装备有动态转向系统的车就比未装备动态转向系统的车平均制动距离要短。

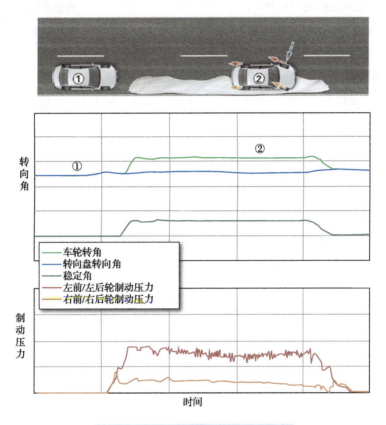

图 4-65　不同摩擦力路面制动时调节

四、动态转向系统诊断思路

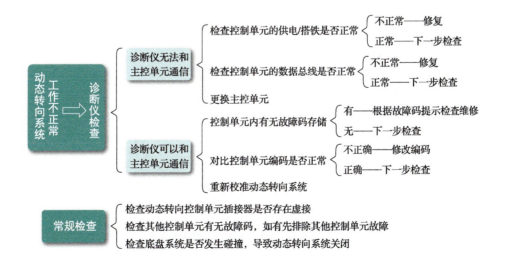

五、故障实例排查

1. 问询、记录车辆信息

车型	A4L-B8	发动机型号	CDZ	变速器型号	0AW
VIN	LFV3A28K093******			行驶里程	106254km
故障现象	奥迪A4L仪表动态转向警告灯亮起			故障频率	一直

2. 故障现象确认

起动车辆，车辆仪表动态转向警告灯亮起（图4-66），确认为动态转向系统工作不正常。

图 4-66　仪表动态转向警告灯亮起

3. 诊断分析

工具准备：通用工具、诊断仪、四轮定位仪。

用诊断仪检查，1B主动转向系统控制单元内有故障码"02638 过载对功能影响超过上限/偶发"（图4-67），根据引导型故障测试结果提示，如检查转向机械系统不存在卡滞，则更换动态转向控制单元总成（含动态转向电动机）。

图 4-67　动态转向系统控制单元内的故障码

该故障码反映的是动态转向系统工作时的阻力超过了设定值，对于这种情况首先要排除机械转向系统是否存在卡滞或是常规转向助力不足；如排除了机械系统故障，则该故障可能原因是动态转向电动机由于老化导致其在工作时过载。

4. 排除故障与总结

更换动态转向控制单元总成，并重新校准动态转向系统后故障消除。在实际工作中该故障也比较常见，一般都是控制单元总成故障所致。

六、总结

1）动态转向系统是在原转向系统基础上升级的一套转向助力系统，它可以改变转向传动比。

2）动态转向系统在低速时可以帮助驾驶员减小转向盘转动角度，在高速转向时可以帮助驾驶员增大转向盘角度。

3）当动态转向系统出现故障时，原有转向系统功能保持不变。

4）动态转向系统无需专门激活，它在车辆正常使用过程中自动参与工作。

5）下列情况需要校准动态转向系统：

① 更换了主动转向系统控制器。

② 更换了转向柱。

③ 直线行驶时转向盘不正。

④ 更换了防盗系统主控单元。

⑤ 重新调整了四轮定位数据。

⑥ 控制单元内有动态转向未校准的故障码。

项目五 信息娱乐系统常见故障诊断与检测

任务一 收音机系统工作不正常

任务导入

王先生反映自己的奥迪 A3 轿车最近收音机经常收不到台且杂音很大，到 4s 店寻求解决方案。

一、故障定义

收音机系统工作不正常：指车辆收音机收不到台或收到的电台杂音太大的故障。

二、任务目标

1. 知识目标

1）能够描述收音机系统的组成。
2）能够描述收音机系统工作不正常的可能因素有哪些。
3）能够描述收音机天线系统的控制策略。
4）能够识别并且会使用检测本故障所需的专用工具和设备。

2. 技能目标

1）能够准确识别收音机工作不正常的故障现象。
2）能够熟练拆装收音机系统的各个组成元件。
3）能够应用诊断方法分析收音机系统故障原因并检查排除。
4）能够正确调校收音机电台。

三、收音机系统相关知识

1. 收音机的功用

收音机作为最早的汽车娱乐系统配置，有着不可替代的作用。通过收音机可以得到及时的交通信息，当发生重大事件时政府部门也会通过收音机进行应急广播。现在收音机电台内容丰富，可以得到各种资讯以及音乐、歌曲、相声、评书等娱乐节目。

2. 收音机系统的组成结构

收音机系统主要由收音机主机、收音机天线、天线放大器、操作面板（一般集成在收音机上）、功放、扬声器组成。部分高档音响配有独立的功放，在这种情况下扬声器由功放进行控制。

3. 收音机的信号接收方式

（1）调幅（AM）

这种信号采用振幅调制的高频振荡，其振幅随时间变化（图5-1）。

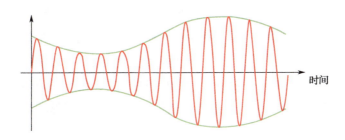

图5-1 调幅信号

调幅广播由于只需要一个频率的载波，通过这个频率的载波的幅度变化来传输信号，所以可以采用500~1300kHz这段频率较低且频宽较窄的中波进行广播，而中波具有可以被大气层反射的特性，因此可以传播得非常远（图5-2）。但其信号受天气其他因素干扰较多，信号传输保真率差。

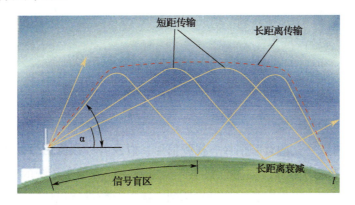

图5-2 调幅信号传输方式

（2）调频信号

该信号采用频率调制的高频振荡，其频率随低频信号而发生变化（图5-3）。

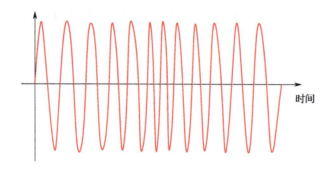

图 5-3 调频信号

调频信号是通过确定一个中心频率,根据收到的实际频率相对该中心频率的偏差程度来传递信号(图 5-4),所以会占用一大段频率,不适合像调幅广播那样用范围狭窄、资源紧凑的中波和短波,而是使用范围较大、资源较充裕的超短波和微波,而超短波和微波不能被大气层反射,会直接穿透到宇宙空间去,所以范围比调幅广播要小得多。由于调频广播不依赖电波的幅度来传输信号,即使有相同频率的干扰源扰乱了电波的幅度,也不会对调频广播形成噪声,所以调频广播音质好。

图 5-4 调频信号传输

(3)数字广播(DAB)

数字广播是指将数字化的音频信号、视频信号,以及各种数据信号,在数字状态下进行各种编码、调制、传递等处理。同时,数字广播也是一种有别于传统的 AM、FM 的广播技术,它通过地面发射站,以发射数字信号来达到广播以及数据资讯传输的目的。随着技术的发展,数字广播除了传统意义上仅传输音频信号外,还可以传送包括音频、视频、数据、文字、图形等在内的多媒体信号。

四、收音机不能正常工作诊断思路

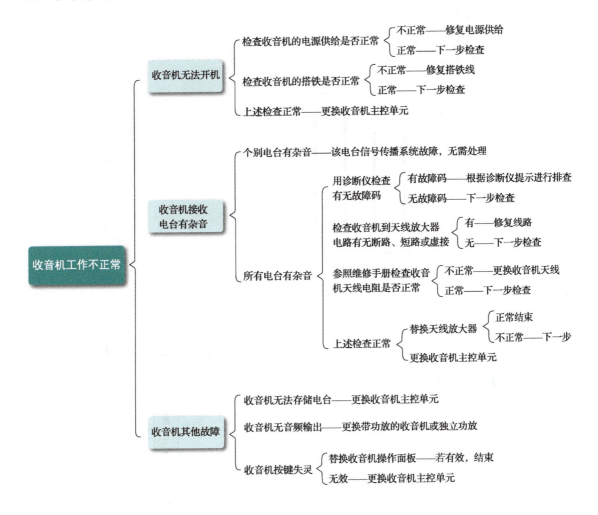

五、故障实例排查

1. 问询、记录车辆信息

车型	迈腾 2.0T	发动机型号	CGM	变速器型号	0AW
VIN	LFV3A23C7E3******			行驶里程	26354km
故障现象	一汽大众迈腾收音机杂音太大			故障频率	一直

2. 故障现象确认

打开点火开关,打开车辆收音机,挑选常见广播电台,发现所有电台都有杂音且电台接收到的数量比正常车要少很多。确认为收音机系统工作不正常。

3. 诊断分析

工具准备:通用工具、诊断仪、万用表。

用诊断仪检查收音机系统，没有故障码，根据故障现象初步分析可能原因有：①收音机天线存在断路或失效；②收音机到天线放大器或天线放大器到天线的线路或插接器存在断路、短路或虚接；③天线放大器失效；④收音机主控单元内部故障。

查阅收音机天线电路图，如图 5-5 所示。

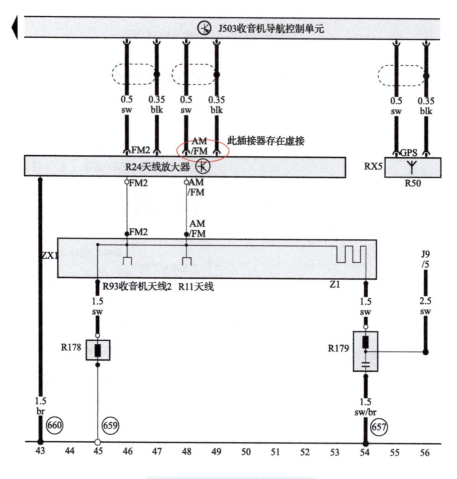

图 5-5　收音机天线相关电路图

4. 排除故障与总结

首先检查收音机主控单元到收音机天线放大器 R24 之间的线路是否正常，当准备取下天线放大器端的插接器时发现该插接器居然没有锁止。将该插接器安装到位后收音机功能恢复正常。

收音机天线放大器端的插接器可能在出厂时没有安装到位，在车辆行驶一段时间后虚接现象更加严重，此时故障现象才彻底暴露出来。对于类似故障，一定要先检查收音机主控单元到放大器和天线之间的线路是否存在虚接、短路或断路，然后再尝试替换天线放大器或是收音机主控单元。

六、总结

1）收音机的主要功能是可以及时收听交通信息及重大公共事件的应急广播。

2）收音机系统主要包括收音机主机、操作面板、天线、天线放大器及扬声器等。

3）根据车型配置的不同，收音机本身可能集成了功放，也可能功放是一个单独的控制单元；扬声器受功放控制，在检修时应了解车型具体配置。

4）收音机无线信息接收分为调频、调幅和数字信号传输。

任务二 音响系统工作不正常

任务导入

刘先生进店反映自己的奥迪 A6L 信息娱乐系统无论是收音机还是播放 SD 卡或 CD 碟片的歌曲都没有声音输出，寻求维修人员的帮忙。

一、故障定义

音响系统工作不正常：指无论在多媒体内选择什么播放源，音响系统的扬声器都没有声音输出或是扬声器杂音太大。

二、任务目标

1. 知识目标

1）能够描述音响系统的组成。

2）能够描述音响系统工作不正常的可能因素有哪些。

3）能够描述音响系统的控制策略。

4）能够识别并且会使用检测本故障所需的专用工具和设备。

2. 技能目标

1）能够准确识别音响系统工作不正常的故障现象。

2）能够熟练拆装音响系统的各个组成元件。

3）能够应用诊断方法分析音响系统故障原因并检查排除。

4）能够正确调校音响系统的声效。

三、音响系统相关知识

1. 音响系统的结构组成

音响系统、收音机、DVD、CD、导航系统、电话系统以及车载互联网服务系统共同组成了信息娱乐系统。音响系统主要由主控单元、高音扬声器、中音扬声器、低音扬声器和重低音扬声器组成，根据车型配置不同，音响系统主控单元可能是信息娱乐 CAN 总线用户也可能是 MOST 总线用户。

2. 音响系统的主要功用

（1）驱动扬声器

信息娱乐系统的所有音频输出都是由音频放大器（功放）来控制的，音频放大器既可以集成在收音机或是信息娱乐主控单元内，也可以是单独的控制单元。当某个控制单元如收音机或是 DVD 需要输出音频时，它们首先将音频信息放在信息娱乐数据总线上，然后由音频放大器接收并放大后输出驱动相关扬声器。

（2）音响降噪

音响系统根据车速或者是车内噪声检测传声器提供环境噪声信号，然后参考鼓风机转速、发动机版本、发动机转速等来调节音响系统，使当前音响系统的音质不因为环境噪声的改变而变化，使驾乘人员有一个最佳的听觉感受。

（3）声效定位

在收听者乘坐车辆时，其并不在声学中心，所以理论上其收听音频的效果就不太理想，但带有数字信号助力的功放系统所有功放的输出信号都要经过调整频率反馈（均衡）和相位（时间），这些电子校正措施可以将收听者重新定位于声学中心。收听者位于一个电子产生的声学中心收听效果会更理想，该位置可以在多媒体操作面板上进行调整。车辆扬声器布置如图 5-6 所示。

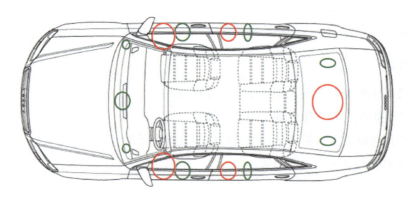

图 5-6　扬声器分布位置

四、音响系统工作不正常诊断思路

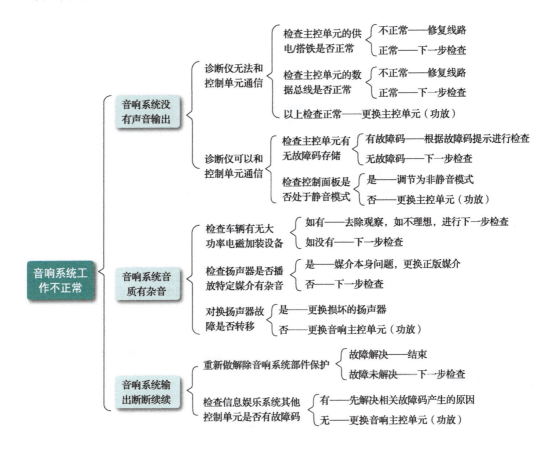

五、故障实例排查

1. 问询、记录车辆信息

车型	A8L 3.0T	发动机型号	CGW	变速器型号	0BK
VIN	WAURGB4H2DN0******			行驶里程	19235km
故障现象	A8L 信息娱乐系统无声音			故障频率	一直

2. 故障现象确认

打开点火开关，打开信息娱乐系统，尝试播放音乐，信息娱乐系统无声音，MMI 显示音量调节菜单为灰色（图 5-7）。确认为音响系统工作不正常。

3. 诊断分析

工具准备：通用工具、诊断仪、万用表。

首先用诊断仪检查信息娱乐系统，无相关故障码，但网关列表无法找到功放地址码 47。由于该车信息娱乐

图 5-7 音量调节菜单为灰色

系统采用光纤环路传输数据，决定先进行光纤回路中断诊断。该车光纤环路如图 5-8 所示。

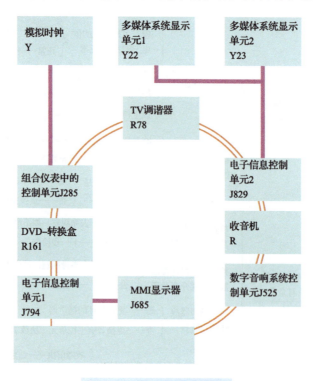

图 5-8　A8L-D4 光纤环路

根据引导型测试计划提示，已发现 J525 数码音响组件控制单元有一个光学故障。该控制单元从 R 收音机控制单元接收光信息。

可能原因是 J525 故障、收音机 R 故障或是两个控制单元之间的光纤存在断路。如果是光纤断路，则整个信息娱乐系统无法开机，所以排除光纤存在断路的可能。在 MMI 选择收音机界面时可以进行选台，且无论播放源选择哪一种声音调节菜单始终为灰色。综上分析认为是功放控制单元 J525 内部故障。

4. 排除故障与总结

更换功放 J525 并做部件保护后，信息娱乐系统声音恢复正常。

对于信息娱乐系统故障，无论 MMI 能否开机都可以进行光纤环路测试计划。该测试计划既可以对整个系统中光路进行诊断，也可以对相关控制单元电路是否正常进行诊断，可以为信息娱乐系统故障诊断提供最直接的分析证据。

六、总结

1）音响系统是信息娱乐系统的一个子系统，主要负责接收各种音频信息并进行音效处理放大，然后驱动所有扬声器。

2）根据车辆配置的不同，功放可以集成在收音机内或信息娱乐主控单元内。

3）对于配置高级音响系统的车辆，还可能装配有两个功放（音频放大器），其中一个功放专门用于驱动低音扬声器。

4）音响系统可以根据车速或是车内噪声综合控制音响声音大小，使驾乘者始终有一个最佳的听觉感受。

任务三 导航系统工作不正常

任务导入

客户反映自己的奥迪A8L导航系统经常搜索不到卫星信息，无法正常进行导航，这给客户的出行带来很大不便，客户希望尽快修复故障。

一、故障定义

导航系统工作不正常：指导航系统无法搜索到卫星、导航地图一直显示初始化11%~33%、导航界面显示导航数据不兼容或是导航界面显示没有安装地图的故障。

二、任务目标

1. 知识目标

1）能够描述导航系统的组成。
2）能够描述导航系统工作不正常的可能因素有哪些。
3）能够描述导航系统的定位原理。
4）能够识别并且会使用检测本故障所需的专用工具和设备。

2. 技能目标

1）能够准确识别导航系统工作不正常的故障现象。
2）能够熟练拆装导航系统的各个组成元件。
3）能够应用诊断方法分析导航系统故障原因并检查排除。
4）能够正确重新安装或升级导航系统数据。

三、导航系统相关知识

1. 导航系统的组成

导航系统主要由导航主机、显示屏（可以集成在主机上）、导航天线、导航地图以及来自车载网络的车速信息和转向角度传感器信号组成。

2. 导航系统工作原理

理论上在地球上任何一个位置都能接收到至少 4 颗卫星发出的电波。导航卫星发送代码化的卫星轨道信息并根据电子钟确定电波发射时刻，以不同频率的载波将信息传达到地球。车辆导航系统打开时，将接收来自卫星的信号，为了能准确定位，系统必须至少接收 3 颗卫星的信号。车辆接收到导航卫星发出的精确电波发射时刻和位置信息，知道电波传播时间就可以计算出汽车位置，以 3 个不同卫星为中心的球面相交点就是汽车所在的位置。当出现接收信息时钟误差使 3 个球面无法相交时，利用第 4 个卫星的信息进行修正（图 5-9）。

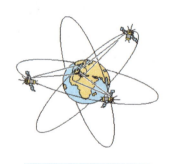

图 5-9 卫星定位原理

$$R_i = \sqrt{(X_i - X_0)^2 + (Y_i - Y_0)^2 + (Z_i - Z_0)^2}$$
$$R_i = Ct_i$$

式中　R_i——各卫星到汽车的距离，单位为 m；

　　　C——无线电波传播速度，与光速相等；

　　　t_i——各卫星电波到汽车所用时间。

如果多个卫星关闭或失灵，可能会导致导航信息接收故障，并由此影响车辆定位。

3. 推算定位

导航控制单元根据转向角度传感器计算出方向角度的变化，根据车轮转速传感器计算出行驶里程，从而计算出车辆的路线图。导航控制单元将路线图与存储在导航控制单元中的地图相对比，也就是"地图匹配"，这个过程每秒钟要进行好几次。通过"地图匹配"，在市区行驶的定位精度可以达到 ±5m，在长途公路上行驶的定位精度可以达到 ±50m（图 5-10）。

车辆导航系统是卫星导航和推算定位导航互相协作的系统（图 5-11）。

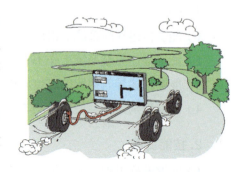

图 5-10 推算定位

4. 车辆行驶方向识别

导航控制单元通过转向角度传感器得知车辆行驶方向的变化，通过接收倒车灯开关信号识别出车辆前进或倒车，根据行驶距离计算出曲线半径。现代车辆转向角度传感器多集成在安全气囊的螺旋电缆内或是电动转向机内，导航控制单元通过车载网络获得相关信息。

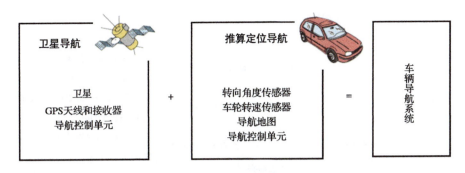

图 5-11 车辆导航原理

5. 导航工作过程

1）驾驶员通过导航系统操作界面和功能按钮输入目的地。

2）需要使用导航地图数据来识别目的地位置。

3）导航控制单元接收到卫星信号计算车辆当前位置（精度为 ±100m）。

4）推算定位导航通过和电子地图对比后确定车辆位置（精度为 ±5m）。

5）路径引导以视图和声音信息方式输出。

6）行驶过程中，通过车轮转速传感器和转向角度传感器计算出行驶里程和方向。

7）系统一直监控驾驶员是否按照路径引导行驶。

8）系统提示路径引导的变更。

9）如果驾驶员还在去目的地的路上，则系统重新计算距离。

6. 导航定位的影响因素

1）多个卫星关闭或失灵，可能会导致导航定位信息接收故障，并由此影响车辆定位。

2）导航天线接收效果如果受到干扰，会影响汽车的定位结果。比如导航天线被冰雪、高大建筑楼群、隧道、山谷、立体停车场遮挡（图 5-12）。

图 5-12 导航定位的影响因素

3）在信号受到干扰时，车辆系统根据转向角度和速度来暂时定位，一旦恢复正常则以导航定位值修正。

四、导航系统工作不正常诊断思路

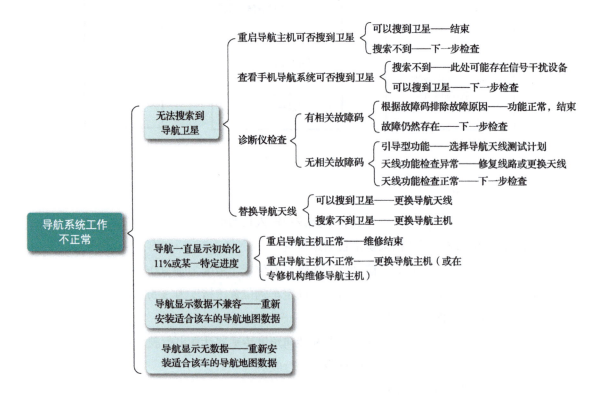

五、故障实例排查

1. 问询、记录车辆信息

车型	C7 3.0T	发动机型号	CTD	变速器型号	0B5
VIN	LFV6A24G2H3******			行驶里程	35432km
故障现象	奥迪 A6L-C7 导航系统无法定位			故障频率	一直

2. 故障现象确认

打开点火开关，打开车辆导航，发现车辆导航无法进行自身定位，无法进行导航，确认为导航系统工作不正常。

3. 诊断分析

工具准备：通用工具、诊断仪、万用表。

现场检查发现导航地图一直显示青海湖，无法切换到本地界面。正常情况下导航地图会随车辆位置的变化显示实时车辆位置，这种情况一般是由于无法接收到卫星信号所致。在导航设置里查看搜索到的卫星是"0"颗，尝试将车辆开到空旷场地转了几圈仍然搜不到卫星。

用诊断仪检查，没有相关故障码，读取数据块发现 GPS 质量和 GPS 安装状态为无效；GPS 定位数据是 0（表 5-1）。

表 5-1　导航系统相关数据

106.1	GPS 日期和 GPS 时间状态	无效
106.2	GPS 日期	06.01.2108
106.3	GPS 时间（小时：分钟）	0：03
106.4	GPS 时间（秒）	35
107.1	GPS 质量和 GPS 安装状态	无效
107.2	PDOP	23.100000
107.3	GPS 定位	0
109.1	最佳接收卫星	未提供
109.2	次佳接收卫星	未提供
109.3	第三最佳接收卫星	未提供
109.4	第四最佳接收卫星	未提供

根据上述检查初步分析故障原因可能是：导航天线存在故障；导航天线到导航主控单元的线路存在虚接或断路；导航主机内部存在问题。

4. 排除故障与总结

经检查，导航天线至导航主机之间的线路和插接器没有虚接和断路情况，根据损伤件出现故障的频率和经济价值决定先替换导航天线。替换导航天线后导航系统可以搜索到 5 颗卫星且地图界面也切换到当前城市，说明故障是由于导航天线损坏导致。

导航系统搜不到卫星是一种常见故障现象，重启主机无效且系统无故障码的情况下要重点检查导航天线和导航主机之间的插接器是否存在虚接。插接器虚接在检查中容易被忽视，从而延长故障排除时间。

六、总结

1）导航系统是利用卫星进行车辆实时定位，结合车速、转向角度传感器和导航地图进行路径引导的一个辅助系统。

2）导航系统会受天气、环境和其他电气设备的信号干扰，从而使导航系统工作异常。

3）导航系统必须结合最新的导航地图，才能提供精准的路径引导。

4）导航系统只有在设定目的地后才能开始路径引导。

任务四 信息娱乐系统无法开机

任务导入

客户反映自己的奥迪 Q5 中央显示屏黑屏，信息娱乐系统无法开机，影响正常使用，请维修人员尽快帮忙修复。

一、故障定义

信息娱乐系统无法开机：指信息娱乐系统显示屏黑屏，收音机、DVD、音响、导航、电话、车载互联网等所有相关功能都无法使用。

二、任务目标

1. 知识目标

1）能够描述信息娱乐系统的组成。
2）能够描述信息娱乐系统无法开机的可能因素有哪些。
3）能够描述光纤系统的传输工作原理。
4）能够识别并且会使用检测本故障所需的专用工具和设备。

2. 技能目标

1）能够准确识别信息娱乐系统无法开机的故障现象。
2）能够熟练拆装信息娱乐系统的各个组成元件。
3）能够应用诊断方法分析导航系统故障原因并检查排除。
4）能够使用光纤回路系统诊断确定是哪个控制单元存在电气或是光学故障。

三、信息娱乐系统相关知识

1. 信息娱乐系统的组成

信息娱乐系统从最开始的只有收音机和几个最基本的扬声器发展到现在成为一个功能齐全的系统，包括收音机、功放（音频放大器）、扬声器、CD、DVD、电视、SD 卡/USB 信息读取、手机信息投屏、电话、导航、蓝牙免提电话和蓝牙音频播放、车载互联网系统。

其中收音机和最基本的几个扬声器是信息娱乐系统必备的组件，其他系统可以根据车辆的配置进行组合或叠加。一般情况下信息娱乐主控单元集成了导航、电话、蓝牙、车载互联网、单碟 CD 机或是单碟 DVD 机、SD 卡读取器和 USB 数据读取功能，所以这些系统出现故障时，排除外围天线、电源供给和媒体介质故障后基本上都是信息娱乐主控单元故障。

2. 信息娱乐系统的数据总线

信息娱乐系统由于传输数据信息量很大，当配置比较高时原有的 CAN 总线无法满足这一要求（CAN 总线系统的最大传输速率为 1 Mbit/s）。所以各大汽车厂商联合开发出了基于光纤传输的 MOST 总线系统。MOST 总线英文为 Media Oriented Systems Transport，即多媒体数据传输网络系统，其早期传输速率为 21.2Mbit/s，MOST150 的传输速率是 150Mbit/s。

3. MOST 总线信息传输原理

MOST 收发机由发射机和接收机两个部件组成。发射机将要发送的信息作为电压信号传至光导发射器。该装置由一个光电二极管和一个发光二极管构成。到达的光信号由光电二极管转换成电压信号后传至 MOST 收发机。发光二极管的作用是把 MOST 收发机的电压信号再转换成光信号。产生的光波波长为 650 nm，是可见红光。数据经光波调制后传送。调制后的光经由光导纤维传到下一个控制单元。

接收机接收来自光导发射器的电压信号，并将所需的数据传至控制单元内的"标准微控制器"（CPU）（图 5-13）。控制单元不需要的信息由收发机来传送，而不是将数据传到 CPU 上，这些信息将被原封不动地发至下一个控制单元。

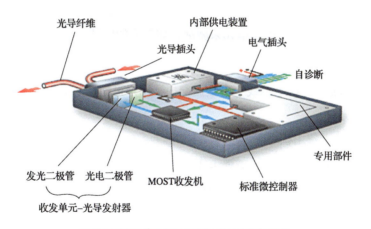

图 5-13　MOST 总线控制单元内部结构

4. MOST 总线传输特点

MOST 总线系统的一个重要特征就是它的环形结构。控制单元通过光导纤维沿环形方向将数据发送到下一个控制单元（图 5-14）。这个过程一直在持续进行，直至首先发出数据的控制单元又接收到这些数据为止。这就形成了一个封闭环。通过 MOST 系统主管理和诊断控制单元来对 MOST 总线进行诊断。

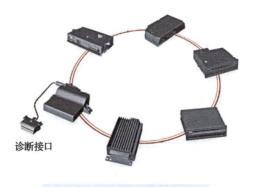

图 5-14　MOST 总线环形结构

5. MOST 总线的系统状态

（1）休眠模式

MOST 总线内没有数据交换，系统处于待命状态。只能由系统管理器发出的光启动脉冲来激活。在这种模式下静电流被降到最低值。

休眠模式激活条件：

1）MOST 总线系统上的所有控制单元都已准备好要切换到休眠状态。

2）其他总线系统没有通过网关提出任何要求。

3）自诊断未激活。

除上述条件外 MOST 系统也可以在蓄电池电压低于相应切断等级时，经网关激活休眠模式或是用诊断仪激活运输模式。

（2）备用模式

此时 MOST 系统在后台工作，不对外输出声音和图像，给人的印象是系统关闭了。这种模式在系统启动及系统持续运行时被激活。

备用模式激活条件：

1）由其他数据总线通过网关激活，如驾驶员车门的开锁/开门、点火开关接通。

2）由 MOST 总线上的某个控制单元来激活，如打入的电话。

（3）通电模式

控制单元完全接通，MOST 总线上有数据交换，用户可使用所有功能。

通电模式激活条件：

1）MOST 总线处于备用状态。

2）点火开关的 S 触点接合，显示屏工作。

3）通过用户的功能选择来激活，如通过多媒体操纵单元来选择菜单。

6. MOST 系统诊断

除系统管理器外，MOST 总线还有一个诊断管理器（这两个管理器也可以集成在一个控制单元内）。该管理器执行环路中断诊断，并将 MOST 总线上的控制单元诊断数据传给诊断控制单元。一般信息娱乐系统 MOST 总线的诊断控制单元都是网关 J533。因为 MOST 总线是环路系统，如果数据传递在 MOST 总线上的某一位置处中断则称为断环。

环路中断的影响——音频和视频播放中止、多媒体操作和控制单元 E380 无法进行调整和控制、诊断管理器的故障存储器中存有故障"光纤数据总线断路"并且所有 MOST 用户都无法用自诊断进行诊断，只能通过诊断控制单元进行环路诊断。

环路中断诊断开始后，诊断管理器通过诊断线向各控制单元发送一个脉冲；这个脉冲使得所有控制单元用光导发射器（FOT）内的发射单元发出光信号；在此过程中，所有控制单元检查自身的供电及其内部的电控功能，同时从环形总线上的前一个控制单元接收光信号；

MOST 总线上的控制单元在一定时间内会应答，这个时间的长短由控制单元软件来确定；环路中断诊断开始后到控制单元做出应答有一段时间间隔，诊断管理器根据这段时间的长短就可判断出哪一个控制单元已经做出了应答。应答的内容包括：①控制单元电气方面正常，即本控制单元的电控功能正常，如供电情况；②控制单元光学方面正常，即本控制单元的光电二极管接收到环形总线上位于其前面的控制单元发出的光信号。诊断管理器通过这些信息就可识别系统是否有电气故障（供电故障）或是哪两个控制单元之间的光导数据传递中断了（图 5-15）。

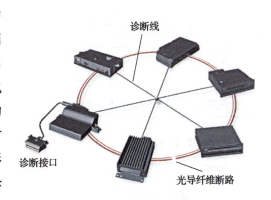

图 5-15 光纤断环诊断

四、信息娱乐系统无法开机故障诊断思路

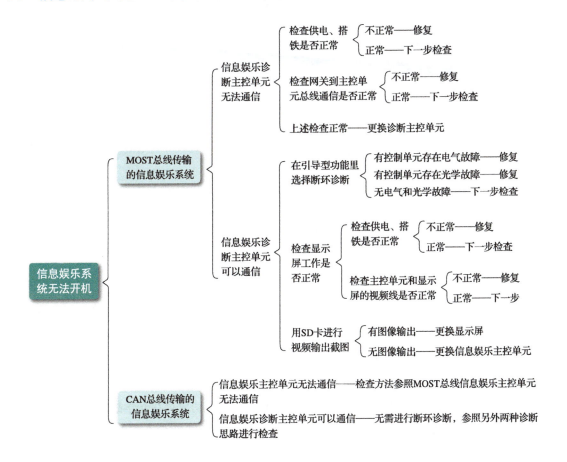

五、故障实例排查

1. 问询、记录车辆信息

车型	奥迪 Q5 2.0T	发动机型号	CAD	变速器型号	0BK
VIN	LFV3B28R0D3******			行驶里程	26351km
故障现象	奥迪 Q5 信息娱乐系统无法开机			故障频率	一直

2. 故障现象确认

打开点火开关,打开信息娱乐系统,发现信息娱乐系统黑屏,多次尝试均无法开机,确认为信息娱乐系统无法开机故障。

演示视频 9

3. 诊断分析

工具准备:通用工具、诊断仪、万用表。

在点火开关打开的前提下,MMI 显示屏黑屏;按 MMI 操作键 E380 任意按键均无反应。用诊断仪检查,显示娱乐系统所有控制单元均无法通信(图 5-16)。

图 5-16 娱乐系统所有控制单元都无法通信

该车信息娱乐系统采用的是 MOST 光纤环路通信,当环路中任一个控制单元损坏或光纤环路中断,整个信息娱乐系统就无法启动,同时也不能进行通信。为提高 MOST 系统的诊断效率,在诊断仪的网关 J533 地址码 19 设有 MOST 回路诊断测试模式,在此模式下可快速诊断出光纤断环所在位置或故障环路用户。

光纤回路诊断提示所有控制单元电气正常,但收音机和功放存在光学故障(图 5-17)。

光学故障在 R 收音机和 J525 功放之间。诊断结果提示连续两个控制单元有光学故障,可能是 R 收音机上光纤插头有故障(图 5-18)。

项目五　信息娱乐系统常见故障诊断与检测

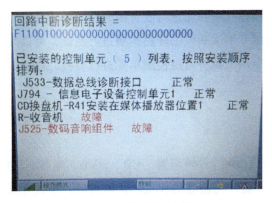

图 5-17　系统存在光学故障

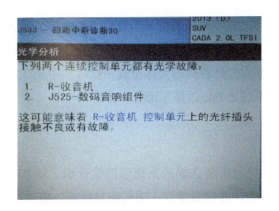

图 5-18　诊断仪提示可能原因

查阅维修手册，该车的 MOST 总线通信如图 5-19 所示，目前收音机和功放都存在光学故障；而收音机是在功放的环路前面，也就是说当收音机接收不到光学信息时功放自然也就接收不到了。此时应重点检查收音机光纤插接器是否存在虚接或断路。

4. 排除故障与总结

经检查，该车的收音机控制单元光纤插头中的光纤装反，导致从 R41CD 换碟机到收音机 R 的输入光路到了 R 的输出光路，使整个 MOST 光纤环路中断，无法正常运行。

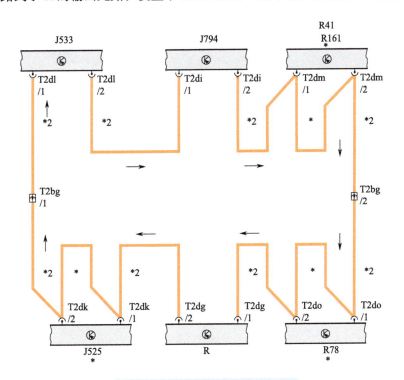

图 5-19　奥迪 Q5 的光纤通信环路

161

该故障是因为该车曾经因事故在小型修理厂修理线束时无意将收音机光纤装反导致。对于装备光纤通信信息娱乐系统的诊断，最好是利用专用诊断仪的环路诊断进行测试，可以判断出光纤故障的大体位置，然后利用光纤跨接器专用工具将可疑控制单元进行替换，就可以准确地判定故障原因。

六、总结

1）信息娱乐系统包括收音机、功放（音频放大器）、扬声器、CD、DVD、电视、SD卡/USB信息读取、手机信息投屏、电话、导航、蓝牙免提电话和蓝牙音频播放、车载互联网系统。

2）信息娱乐系统根据配置不同可能是CAN总线通信，也可能是MOST总线通信。

3）MOST总线最大的特点是环形结构，当其中任一个控制单元存在电气或光学故障时整个信息娱乐系统无法进行通信。

4）环路诊断功能集成在信息娱乐系统的诊断控制单元内，不同配置信息娱乐系统的诊断控制单元也不完全相同，应通过维修手册确定哪一个控制单元是诊断控制单元。

项目六 常见诊断分析仪器设备使用技巧

任务一 烟雾测漏仪的使用方法与应用技巧

一、烟雾测漏仪的应用场景

根据国六尾气排放标准的规定,需要对燃油箱蒸气泄漏进行实时监测。由于燃油箱蒸气一般泄漏量较低,用传统的检查方法很难精确地找到漏点,而烟雾测漏仪则可以胜任这一检查工作。同时烟雾测漏仪还可以对传统的进气系统和密闭管路或空间进行测量,通过该设备的正确使用可以有效地提高一次修复率。

二、烟雾测漏仪结构

烟雾测漏仪的外观如图6-1所示,它主要由烟雾测漏仪和相关配套附件组成,配套附件如图6-2所示。

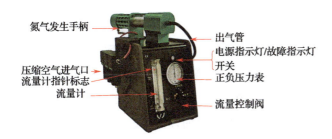

图6-1 烟雾测漏仪外观

图6-2 烟雾测漏仪的配套附件

三、烟雾测漏仪的使用方法

1. 使用前准备工作

1)检查烟雾测漏仪中液体液位是否正常(图6-3)。

2)将车间压缩空气管路接到烟雾测漏仪接口上。

3)将烟雾测漏仪12V电源取电夹安装到汽

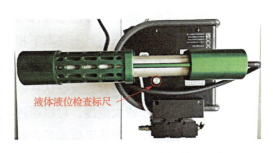

图6-3 液体液位检查标尺位置

163

车 12V 电源桩上。

2. 检查烟雾测漏仪和连接管路的密封性

将连接件 A 和连接管路 B 组装在一起并打开阀门 C，将烟雾测漏仪的测量管接口连接到接口 D 上（图 6-4）。

将阀门置于"测试（TEST）"位置，观察压力表和流量计。当压力上升为 35mbar，而流量计的圆球下降至"零"时，说明烟雾测漏仪和管路连接件没有泄漏，可以正常使用（图 6-5）。

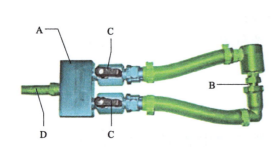

图 6-4　密封件测试连接方式

图 6-5　阀门处于测试位置

3. 测试模式

将配套连接管件安装到活性炭罐处管路上，在测量燃油箱一侧管路是否密封时应将活性炭罐通往大气侧的管路用专用堵盖封闭。注意在测量时应测量燃油箱侧管路或是炭罐到炭罐电磁阀之间的管路是否密封，如果系统密封良好，应在 3min 内压力达到 35mbar 且流量计的小球下降到"零"位。只有在测试模式发现系统存在密封不良时才需要进行烟雾测量。

4. 烟雾测漏模式

在进行烟雾检查时，管路连接和测试模式完全一样。不同的是，此时需要将烟雾测漏仪上的阀门置于烟雾一侧；推荐使用最大烟雾产生量，这样更容易发现问题。在进行烟雾检查时发动机应处于关闭状态，且不得取下相关管路上的电气插接器，因为部分电气插接器的密封件也是整个管路密封的一部分。

在进行烟雾测量时，首先应确认从烟雾测漏仪的测量管路能够出来烟雾，然后再连接好相关测量管路。对于较大泄漏，可以通过目测相关管路发现问题；对于轻微泄漏，可以通过烟雾测漏仪中配备的紫外光手电和黄色眼镜来发现漏点；对于细微泄漏，需要用烟雾测漏仪中配备的红外激光手电来发现漏点。检查手电可以通过不同档位实现白光、紫外光和红外光。

在检查燃油管侧管路密封时,应对燃油箱加注盖、燃油泵安装处、活性炭罐及相关管路进行全面细致的检查,重点检查有密封件安装的接口处。

四、烟雾测漏仪的使用实例

1. 问询、记录车辆信息

演示视频10

车型	奥Q5 2.0T	发动机型号	DKWA	变速器型号	0BK
VIN	LFV3A24K4K3******			行驶里程	61646km
故障现象	奥迪A3仪表废气灯常亮			故障频率	一直

2. 故障现象确认

起动车辆,仪表废气灯常亮,如图6-6所示,确认为废气灯常亮故障。

3. 诊断分析

工具准备:通用工具、诊断仪、烟雾测漏仪。

用诊断仪检查,01发动机控制单元内有故障码"P044200 油箱排气系统 识别到少量泄漏 主动/静态 症状19801;P045700 油箱排气系统 识别到泄漏/加油口盖缺失 主动/静态 症状19802",根据引导型功能检查提示,需要检查活性炭罐电磁阀是否存在机械关闭不严现象。

经过用烟雾测漏仪检查发现,流量计钢球无法到达底部,使用烟雾测漏检查并用红外光检查发现活性炭罐电磁阀存在关闭不严的问题(图6-7)。

图6-6 组合仪表废气灯常亮

图6-7 红外光检查发现漏点

4. 排除故障

更换活性炭罐电磁阀并再次做管路压力测试,发现钢球在压力达到35mbar时可以到底。交车后跟踪故障车一个月确认故障排除。

五、烟雾测漏仪的使用注意事项

烟雾测漏仪一般情况下3min即可充满燃油箱,如果压力不能马上上升说明系统存在泄漏;此时不可一直让设备工作,防止烧毁设备。每次在使用烟雾检查时都应确保液体液位不低于标尺的下刻度线。

烟雾测漏仪不可用于前照灯或其他灯具密封检查，因为烟雾检查后会在散光玻璃内侧形成一层雾膜，这种情况会导致灯具透光性变差，且不容易清除。

六、思考与练习

1）烟雾测漏仪有几种检查模式？
2）烟雾测漏仪使用前应做哪些检查工作？
3）在测试模式下如何确定管路密封良好？

任务二　手动真空泵的使用方法与应用技巧

一、手动真空泵的应用场景

手动真空泵可广泛用于汽车上带真空马达执行器的检查，如增压压力限制真空控制阀、进气歧管转换阀、可控式水泵真空控制器、冷却系统的水箱盖压力测试、燃油箱盖压力测试以及较短管路或密封容器的压力测试。

二、手动真空泵功能介绍

手动真空泵如图 6-8 所示，它主要由组合压力表、活塞动作手柄、把持手柄、压力产生缸、转换阀、压力测试口和管路组成。通过调节转换阀可以切换手动真空泵的工作模式。转换阀在左端时，手动真空泵处于产生真空（负压）的状态，如图 6-8 所示；转换阀在右端时，手动真空泵处于产生压力（正压）的状态，如图 6-9 所示。

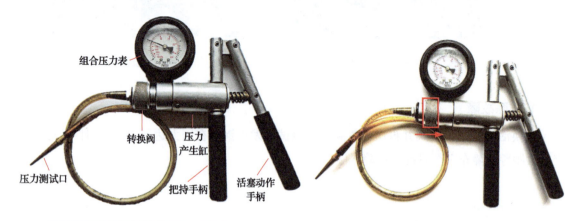

图 6-8　处于产生真空状态的手动真空泵　　　　图 6-9　处于产生压力状态的手动真空泵
（转换阀向右移动）

三、手动真空泵的使用方法

1. 使用前检查手动真空泵的密封性

无论是使用手动真空泵打压或是抽真空，都需要在使用前进行检测。在压力测试接口处安装一个密封堵盖来检测真空或正压能否建立且至少保持5min不下降。如满足上述条件则可以进行下一步使用，如不满足应维修或更换手动真空泵再做密封性检查。

2. 使用手动真空泵抽真空（负压）

将手动真空泵转换阀推向压力测试口一侧（图6-8），则此时是抽真空模式。在此模式下可对所有由真空驱动的执行器进行促动检查，如无法建立真空则说明真空控制器膜片破裂。此时，需要更换真空控制器总成。如真空可以达到 –1bar 但控制器连接杆没有动作，则说明真空控制器的机械联动机构存在机械卡滞，应断开真空控制器连杆，直接用手尝试是否可以动作机械系统，如也不能动作，确定是机械系统存在卡滞，应进行修复或更换机械系统。

3. 使用手动真空泵打压（正压）

将手动真空泵转换阀推向远离压力测试口一侧（图6-9），此时是打压模式。部分车型的涡轮增压器压力限制阀是利用增压压力来推开真空控制器的回位弹簧，从而达到打开排气旁通阀降低增压压力的作用。如果系统报故障码增压压力过高，可以使用手动真空泵给真空控制器打压来检查增压压力限制阀的推杆能否动作，从而判断真空控制器工作是否正常，也可判断增压压力限制阀推杆是否存在机械卡滞。

使用手动真空泵打压还可以对冷却系统的膨胀水箱盖进行测试。一般冷却系统膨胀水箱盖的压力阀打开压力为 1.5bar，当怀疑冷却系统因水箱盖压力不足提前溢流冷却液时，可以对水箱盖进行打压测试。若压力不到 1.5bar 就泄压，说明水箱盖内部压力阀损坏，需要更换水箱盖；当压力达到 1.5bar 后才开始泄压，说明水箱盖压力阀工作正常。

使用手动真空泵还可以对容积较小的管路（如炭罐到炭罐电磁阀之间的管路）或是其他小型密封件进行密封测试。

四、手动真空泵的使用实例

1. 问询、记录车辆信息

车型	Q3 2.0T	发动机型号	CWNA	变速器型号	0CK
VIN	LFV3A28W6J3******			行驶里程	2986km
故障现象	奥迪A4L – B9 行驶中废气灯点亮			故障频率	一直

2. 故障现象确认

起动车辆，进行路试，废气灯点亮，确认为行驶中废气灯点亮故障。

3. 诊断分析

工具准备：通用工具、诊断仪、手动真空泵、万用表、VAS6606 接线盒。

用诊断仪检查，01 发动机控制单元里有故障码"P201500 进气管风门位置/运行控制传感器 不可信信号被动/偶发"，如图 6-10 所示。

演示视频 11

图 6-10　发动机控制单元内的故障码

根据进气歧管风门工作原理，引起该故障的可能原因有以下几种：

1）进气歧管风门驱动真空马达失效或真空管路漏气。

2）进气歧管风门轴存在转动卡滞。

3）进气歧管风门电位计参考电压和信号电压的线路存在断路、短路或虚接现象。

4）进气歧管风门电位计自身存在质量问题。

查询进气歧管风门电位计 G336 相关电路图，如图 6-11 所示。

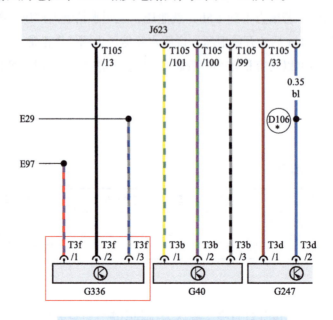

图 6-11　进气歧管风门电位计 G336 电路图

4. 排除故障与总结

根据引导型测试计划提示使用 VAS6606 接线盒，将 VAS6606 连接在发动机控制单元插接器和发动机控制单元之间。通过手动真空泵驱动进气风门转动，读取信号电压实时数据，然后与标准数据比对（图 6-12）。

系统也会提示在未将发动机控制单元连接的情况下检查 G336 所有线路的通断和互短、对地和对正是否存在短路。检查结果如图 6-13、图 6-14 所示。标准电压范围是 0~4V，该车在进气风门打开状态下电压为 1.33V，显然与标准值相差较大。更换进气歧管风门电位计 G336 后故障排除。

图 6-12　用手动真空泵检查进气歧管风门真空控制器

该车故障整体比较简单，在诊断检查时充分利用手动真空泵、发动机控制单元转接线盒、万用表和诊断仪可一次确定故障原因。只有将各种检查工具合理有效地利用，才能达到事半功倍的效果。

图 6-13　进气风门电位计在关闭状态下

图 6-14　进气风门电位计在打开状态下

任务三　真空表的使用方法与应用技巧

一、真空表的应用场景

真空表主要用来测量进气歧管的真空度与发动机当前工况是否匹配，若不匹配，可能是进气歧管存在漏气导致；同时还可以校验进气压力传感器所提示的进气压力值是否与实际压力值一致。通过对进气歧管内真空度的测量还可以检查排气管是否存在堵塞。真空表也可以对曲轴箱负压进行检查，来判断曲轴箱油气分离器是否损坏。

二、真空表结构

真空表一般由表体和测量软管组成。常见类型有数字式真空表（图6-15）和指针式真空表（图6-16）。

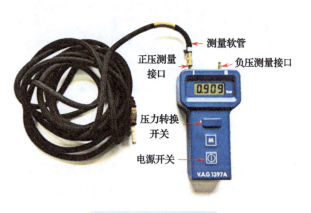

图6-15 数字式真空表

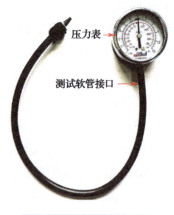

图6-16 指针式真空表

三、真空表的使用方法

1）将发动机暖机到正常工作温度，然后关闭发动机。

2）拆下发动机进气歧管上的真空软管接头，连接真空表。

3）拉紧驻车制动，变速器挂空挡，起动发动机怠速运转。

4）读取真空表上的数值，判断其与当前发动机工况是否匹配，与诊断仪上的进气压力传感器数据是否基本一致。如真空表指示数值与上述两项不符，则进一步分析导致真空异常的原因是什么。

5）需要注意的是，为了与正压有所区别，负压单位一般用inHg来标注，在故障分析时应换算成统一度量单位。

四、真空表数据分析

1）正常汽油发动机进气歧管的真空度在57~71kPa之间稳定不变，图6-17所示是奥迪A4L-2.0T发动机进气歧管实测真空度，该数为18inHg，换算成法定计量单位等于60.9kPa，属于正常范围。

图6-18所示为进气歧管存在漏气，真空表读数随发动机抖动在10inHg（33kPa）上下波动，经检查发现是机油加注口盖没有安装到位所致。

项目六　常见诊断分析仪器设备使用技巧

图 6-17　正常发动机的真空度

图 6-18　进气歧管漏气

2）曲轴箱负压测量，奥迪 EA888 发动机曲轴箱负压在（100±15）mbar 之间；不同车型曲轴箱负压标准值可参见相关维修手册。图 6-19 所示是奥迪 EA888 发动机曲轴箱负压为 3inHg（115.8mbar），数值在正常范围之内。

3）排气管堵塞时进气真空度在 45~55kPa 之间，急加速时由 45kPa 迅速降为 5kPa 以下并且大幅摆动。而排气管没有堵塞时真空度在 7~85kPa 之间快速摆动。对于怀疑排气管堵塞还应通过排气背压表或内窥镜结合诊断。

图 6-19　奥迪 EA888 发动机曲轴箱负压

五、真空表的使用实例

1. 问询、记录车辆信息

车型	奥迪 A5 2.0T	发动机型号	CDNB	变速器型号	0B5
VIN	WAU9FD8T8EA******			行驶里程	52070km
故障现象	奥迪 A5 发动机怠速高			故障频率	一直

2. 故障现象确认

起动车辆，发动机怠速过高，确认为发动机怠速过高故障。

3. 诊断分析

工具准备：通用工具、诊断仪、万用表、真空表。

用诊断仪检查，01 发动机控制单元内有故障码"P050700 怠速控制转速超出规定值被动/偶发"和"P218700 气缸列 1，燃油测量系统 怠速转速时系统过稀主动/静态"，如图 6-20 所示。

```
地址列：01  系统名：01-发动机电子设备（UDS）  协议改版：UDS/ISOTP  (Ereignisse：4)
  + 识别：
  - 事件存储器条目：
    事件存储器条目
    编号：          P050700：怠速控制 转速超出规定值
    故障类型 2：    被动/偶发
    症状：          4007
    状态：          00101100
      + 标准环境条件：
      + 高级环境条件：
    事件存储器条目
    编号：          P218700：气缸列1, 燃油测量系统 怠速转速时系统过稀
    故障类型 2：    主动/静态
```

图 6-20　发动机控制单元内的故障码

根据故障码提示，导致该问题的主要原因可能是进气歧管漏气，有额外的空气进入发动机气缸导致发动机转速升高和混合气稀；第二种可能原因是进气压力传感器内部故障，导致信号失真或是发动机控制单元自身内部故障。由于该车加速和大负荷没有明显故障，所以不考虑燃油系统压力过低的可能。

采用真空表检查曲轴箱真空度为 –459mbar，严重超过（–100+15）mbar 的标准值（图 6-21）。说明油气分离器内部损坏，导致进气歧管和曲轴箱相通且此处进入空气。

4. 排除故障与总结

更换全新的油气分离器后发动机怠速正常，检查曲轴箱负压为 –113mbar（图 6-22）。故障得到解决。

正确使用真空表可以确定发动机进气歧管是否漏气、曲轴箱负压是否正常，以及校验进气压力传感器是否失真，在实际诊断分析中真空表有不可替代的作用。

图 6-21　油气分离器损坏时真空度

图 6-22　更换油气分离器后真空度

任务四　示波器的使用方法与应用技巧

一、示波器的应用场景

示波器在售后维修中主要是对传感器信号或是控制单元的控制信号，以及车载总线系统进行实时在线测量，精确判断相关信号是否存在间歇性异常或是对地、对正和互短这几种情况。示波器一般要配合诊断仪的检查结果和相关维修手册使用，经初步检查判断某个传感器或执行器可能存在信号异常，再进行有针对性的精确检查。

二、示波器功能介绍

1. 示波器的分类

市场上常用的示波器有两种，一种是将示波器信号处理器与显示屏集成为一体的专用型示波器（图6-23），另一种是信号处理器模块通过USB数据线和计算机连接组成示波器，通过计算机来捕获信号，并将信号波形通过计算机显示出来（图6-24）。

示波器常用的是两通道，也就是可以同时测量两个信号。也有四通道示波器，这类示波器由于费用较贵，普通维修厂配置较少。

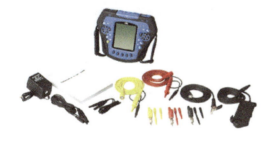

图6-23　示波器信号处理器与显示屏一体

图6-24　示波器信号处理器与显示器分体

2. 示波器的使用

1）首先连接示波器的电源与示波器测量表笔，如是分体式的，还需要连接示波器信号处理模块与计算机之间的线路。

2）打开示波器电源，具体位置参照示波器的说明书。

3）将示波器的黑表笔可靠接地，将示波器的红表笔接在被测量线路中。

4）将示波器相应的通道打开，测量模式一般选择自动，筛选器选择默认BWL（图6-25）。

5）调节每格电压值（图6-26）。

首先单击想要调节电压的通道，然后单击上下三角标来调节电压，直到画面显示波形便于观察分析。

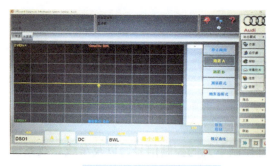

图 6-25　示波器调节界面　　　　　图 6-26　调节每格电压值

6）调节显示时间（图 6-27）。

画面无需选中任一通道，直接按上下三角标来调节时间，直到显示波形方便观察分析。需要注意的是时间显示是两个通道同时调节的。

7）测量模式选择（图 6-28）。

单击测量模式，可以选择自动设置、自动高度、自动、正常、单个和记录仪模式，一般在售后维修使用自动模式或者是记录仪模式。记录仪模式用于记录较长时间的波形信号，用于分析偶发性故障。

图 6-27　调节显示时间　　　　　图 6-28　测量模式选择

8）连接选择（图 6-29）。

在此模式下可以选择 DC（直流）、AC（交流）和 GND（接地），一般默认为 DC；也可以根据情况选择 AC 模式。

9）触发器模式（图 6-30）。

图 6-29　连接选择　　　　　图 6-30　选择触发器

首先选中触发器模式，然后可以选择上升沿触发（pos）或下降沿触发（neg）。图 6-30 中标黑的两个方框是波形在显示屏中上下或左右位移。

3. 示波器的使用技巧与注意事项

1）示波器需经常使用才能掌握使用技巧，同时也应积累一些传感器、总线正常工作时的波形。只有清楚哪些波形是正确的，才能看出故障出现时的波形。

2）测量次级点火系统波形时，应通过电容感应式间接测量，切不可直接用示波器的表笔测量。

3）在测量电流时应使用专门的电流感应钳，避免因电流过大而烧毁示波器模块。

三、示波器的使用实例

1. 问询、记录车辆信息

车型	Q3 1.4T	发动机型号	CSSA	变速器型号	0BH
VIN	LFV2B28U7J3******			行驶里程	52642km
故障现象	奥迪 Q3 行驶中偶尔熄火			故障频率	偶发

2. 诊断分析

工具准备：通用工具、诊断仪、示波器、燃油压力表、万用表。

用诊断仪检查，01 发动机控制单元内有故障码"P3043 燃油泵机械故障主动/静态"。根据故障码初步分析可能原因有：①电动燃油泵存在间歇性卡滞或工作不良；②燃油泵控制模块 J538 存在间歇性故障；③发动机控制单元存在间歇性故障。

在低压燃油供油管路中接好油压表，检查低压燃油压力。发现低压燃油压力有时能降到 1.6bar 左右，然后再回升到 4.5bar 左右，正常情况下燃油压力应该在 4.5~5.5bar 来回快速跳动，那么究竟是燃油泵故障还是燃油泵控制模块的问题？

首先查阅了该车的电路图，电动燃油泵相关电路图如图 6-31 所示。

接着将示波器的红表笔通过转接

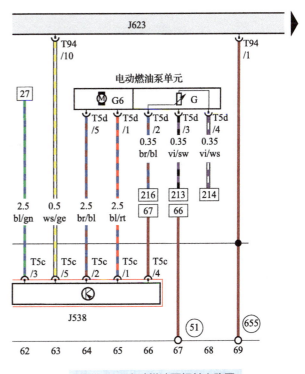

图 6-31　电动燃油泵相关电路图

线接入油泵控制模块 J538 的 T5c/5（发动机控制单元的控制线）中，测得的波形如图 6-32 所示。

对比正常车的油泵控制波形，是一直连续且中间没有信号中断的波形，所以判断是发动机控制单元损坏（图 6-33）。

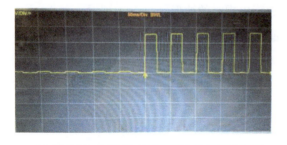

图 6-32　发动机控制单元油泵控制故障波形

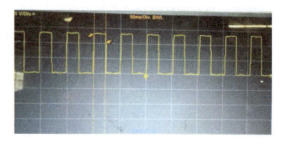

图 6-33　油泵控制正常波形

3. 排除故障与总结

更换发动机控制单元后反复试车确认故障排除。对于这类偶发性故障且故障原因较多时，利用示波器可以有效地提高一次修复率。

任务五　万用表的使用方法与应用技巧

一、汽车万用表的应用场景

万用表在检查汽车电气系统时是最常见和最普遍的检查工具。在汽车电气系统中，常用万用表测量电阻、导通、电压、电流，对于二极管测量、电容测量、温度测量和频率测量一般使用较少，部分万用表并没有相关功能。

二、汽车用万用表功能介绍

1. 万用表外观介绍

如图 6-34、图 6-35 所示，1 是万用表开关，开关处于 ON 档时打开，处于 OFF 档时关闭；2 是万用表黑表笔插孔，无论使用什么功能，黑表笔始终装在这一插孔内；3 是测量电阻、导通、二极管、电压和频率时的红表笔插孔；4 是使用电流钳检查大电流时的插孔（一般万用表不配电流钳）；5 是测量电流小于 15A（部分万用表是 10A）时的红表笔插孔；6 是万用表测量功能选择旋钮；7 是功能键，用于万用表使用前校零。

项目六　常见诊断分析仪器设备使用技巧

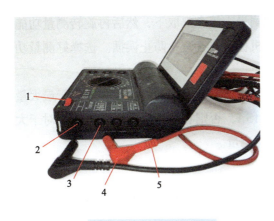

图 6-34　万用表的插孔

图 6-35　常见万用表界面

2. 万用表常用功能使用介绍

（1）电阻及导通测量

电阻测量常用在线路测量、传感器或执行器的电阻大小测量；导通档其实也是电阻测量，不同之处是该档测量的电阻相对较小（小于300Ω），会有蜂鸣提示，一般用于测量线路之间是否存在断路。

测量之前先将黑表笔插于位置②插孔处，红表笔插于位置③的插孔处（图 6-35）。然后打开万用表选择电阻或导通档，将红黑表笔互短，按下万用表上的校零键⑦，等万用表显示数据为0Ω时校零成功。将红黑表笔分别置于被测线路或电气元件的两端，万用表上显示的读数即为此测量元件的电阻。

需要注意的是，测量电阻时电气元件必须处于断电状态，如带电测量其测量结果是不可信的。另外对于不是自动确定阻值大小档的万用表，需从较高的量程档逐步向低量程档选择测量，不能从最小电阻档向上选择量程。

测量导通的方法与测量电阻完全一致，所不同的是测量导通时被测电气元件的电阻值一般应小于300Ω（当被测电阻小于100Ω时蜂鸣器会响），否则无法得出测量结果，在这种情况下不代表电气元件断路。在测量线路通断时，无需一直盯着万用表显示屏，通过蜂鸣声音即可确定线路是否存在断路。

（2）电压的测量

打开万用表，将测量功能选择为直流电压档（万用表也可测量小于500V的交流电压），红黑表笔的安装方法与电阻档相同。对于量程不是自动选择的万用表，一般选择20V的量程即可满足汽车电压的测量。测量电压时需将黑表笔可靠接地，红表笔和被测电路相连。对于需要ON供电的测量部位，切记要打开点火开关后再测量。

（3）电流的测量

由于大部分万用表不配置电流钳，所以测量电流时只能选择⑤小于15A的电流进行测量。对于部分万用表，在选择电流测量时需要先把测量表笔全部取下，然后再旋转测量功能选择开关，此时会将原测量电阻、电压的插孔通过机械方式遮盖，防止误插。选择好测量功能后，将黑表笔仍插于②插孔，红表笔插于⑤插孔。

在这种测量模式下，万用表需要串联在被测电路中测量电路中的电流大小。由于最大量程为15A，所以必须确定所测电路电流始终应小于15A，否则有损坏万用表的可能。对于大电流测量，现在一般通过示波器的电流钳来进行间接测量。

（4）万用表其他功能

万用表的其他功能，如测温度、频率、电容应用比较少，而且可以通过其他仪器替换便捷测量，在这里就不赘述。

三、万用表的使用实例

1. 问询、记录车辆信息

车型	Q2L 纯电动	发动机型号	EBDA	变速器型号	
VIN	LFVNB9GA3L5******			行驶里程	78km
故障现象	奥迪Q2L–etron 安全气囊报警			故障频率	一直

2. 故障现象确认

起动车辆，仪表安全气囊灯报警，如图6-36所示，确认为安全气囊报警故障。

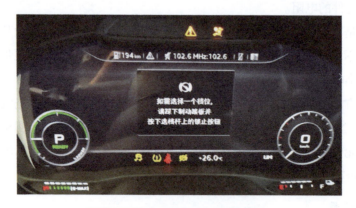

图6-36 组合仪表多个故障灯报警

3. 诊断分析

工具准备：通用工具、诊断仪、万用表。

用诊断仪检查，15安全气囊控制单元内有故障码"B101C11 驾驶员侧安全带开关 对地短路主动/静态"，如图6-37所示。

```
地址: 0015 系统名: 0015-安全气囊 协议改版: UDS/ISOTP (Ereignisse: 4)
[+] 识别:
[-] 故障存储器记录 (数据源: 车辆):

    故障存储器记录
        编号:                              B101C11: 驾驶员侧安全带开关 对地短路
        故障类型 2:                         主动/静态
        症状:                              9444369
        状态:                              10001001
    [+] 标准环境条件:

    故障存储器记录
        编号:                              B101C15: 驾驶员侧安全带开关 断路/对正极短路
        故障类型 2:                         被动/偶发
        症状:                              9444373
        状态:                              10001000
    [+] 标准环境条件:

    故障存储器记录
        编号:                              B101F15: 副驾驶员侧座椅位置传感器 断路/对正极短路
        故障类型 2:                         主动/静态
        症状:                              9445141
        状态:                              10001001
    [+] 标准环境条件:

    故障存储器记录
        编号:                              B102715: 副驾驶员侧座椅占用传感器 断路/对正极短路
        故障类型 2:                         主动/静态
        症状:                              9447189
        状态:                              10001001
```

图 6-37　安全气囊控制单元内的故障码

用万用表检查驾驶员侧安全带开关，不插入安全带时电阻为 1.6Ω，而插入安全带时为无穷大，感觉应该是正常的。但奇怪的是不插安全带系统报码为"B101C11 驾驶员侧安全带开关对地短路"，而插上安全带则故障码变为"B101C15 驾驶员侧安全带开关断路/对正极短路"。为什么同一个开关会报两个不同的故障码？

查阅维修手册和电路图（图 6-38），没有得到有效信息。

为了一次性解决故障，检查了正常车的驾驶员侧安全带开关电阻值，发现安全带在未插入时电阻为 400Ω 左右，如图 6-39 所示，当安全带插入后电阻为 100Ω 左右，如图 6-40 所示。

通过比对检查，确认是安全带开关内部存在故障，为进一步确认更换该开关后故障是否能够得到排除，采用电阻模拟器分别模拟 400Ω 和 100Ω 阻值，结果显示安全带警告灯能够正常亮起和熄灭，且安全气囊内的故障码也能够清除，确定安全带开关损坏（图 6-41）。

4. 排除故障与总结

更换安全带开关，故障排除。

根据经验安全带开关一般只是一个开关，而该车上的安全带开关也符合开关特性。该车安全带开关上有两根线，一根线直接搭铁，另外一根线上有由气囊控制单元过来的 2.3~2.5V 参考电压。气囊控制单元通过识别不同的电压降（由于安全带开关状态不同，接入的电阻也不同），来判定安全带开关的状态。该开关在未插入安全带时电阻为 1.6Ω，直接将电位拉低为 0，所以系统判定为对地短路；而插入安全带后该开关处于断路状态，此时系统参考电压

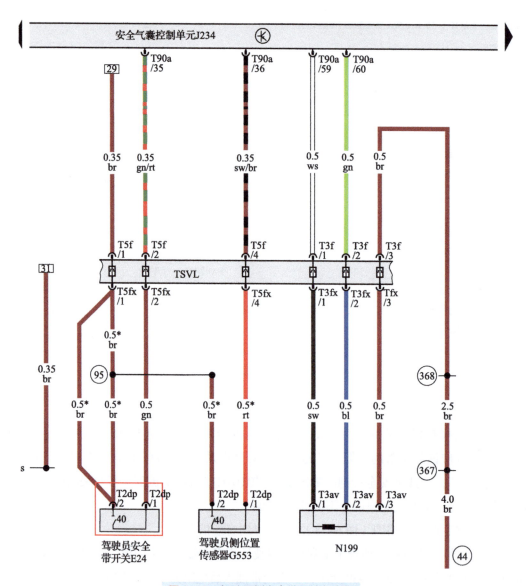

图 6-38 驾驶员侧安全带开关电路图

图 6-39 安全带未插入电阻

图 6-40 安全带插入电阻

图 6-41 电阻模拟检查

保持不变，所以判定为断路或对正极短路。

此类故障需要熟练应用万用表进行检查测量，常用仪器设备的使用需要在工作中不断学习和积累经验。

任务六　燃油压力表的使用方法与应用技巧

一、燃油压力表的应用场景

当怀疑低压燃油压力不足、起动时间长怀疑燃油压力无保持压力、发动机大负荷动力不足怀疑燃油流量不足时都需要进行低压燃油压力检查。对于电控燃油喷射系统，燃油压力是否正常是整个发动机能否正常工作的基本前提，所以在检查电控燃油喷射系统问题时首先要保证燃油供给系统工作是正常的。

二、燃油压力表功能介绍

1. 燃油压力表的类型

常见的燃油压力表有两种，分别为指针式燃油压力表（图 6-42）和电子燃油压力表（图 6-43）。

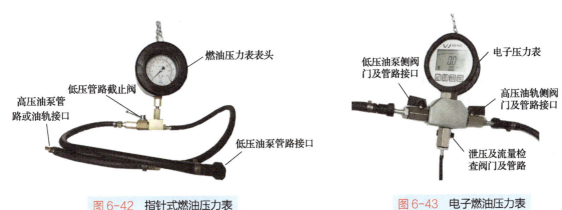

图 6-42　指针式燃油压力表　　　　图 6-43　电子燃油压力表

2. 燃油压力表的使用

（1）检查发动机正常工作时的低压燃油供给压力

将燃油压力表串联在低压燃油管路中（根据车型不同，选择合适的接口）（图 6-44），将低压侧接口和高压泵或油轨侧阀门打开；如果有泄压阀或流量检查阀，此时应关闭此阀门。起动发动机检查低压燃油供给压力在发动机各个工况的压力值是否与标准值相符，不同车型压力略有不同（大众、奥迪缸内直喷车低压燃油压力大约在 4.5~5.5bar 之间跳动，最高压力为 6bar）。

（2）检查低压燃油压力的保持压力

当发动机熄火后，低压燃油压力系统应该保持一定压力，方便下次发动机起动时的燃油供给。当客户报修起动时间较长，且诊断仪检查无故障码记录时应首先检查燃油压力保持是否正常。燃油表的接法与检查燃油供给压力一致，不同的是在关闭发动机后需要立即关闭去低压油泵一侧的阀门（图6-45）。

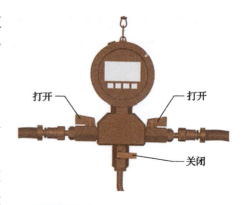

图 6-44　检查低压燃油供给压力

正常情况下低压燃油压力在 10min 内下降不应超过 3bar。如果在这种情况下出现压力下降，则可能是喷油器存在渗漏，需进一步检查是哪一缸喷油器渗漏。如果关闭低压供油管阀门压力不下降，但打开该阀门出现压力下降，则故障可能是燃油泵的止回阀或是调节阀存在渗漏（目前燃油泵一般集成了燃油压力调节阀，所以也可以认为是燃油泵存在渗漏）。

（3）燃油泵流量检查

这种情况一般表现为高速或急加速时动力不足，可能会有故障码——燃油压力未达到规定值。此时在无负荷状态下检查燃油压力往往都是正常的，所以就有必要进行燃油流量检查。

将燃油泵低压供油接口和燃油表相连，打开高、低侧阀门，将预调压工具装到高压管路一侧（图6-46）将压力调节为 4bar。人为促动低压燃油泵工作 15s，当燃油泵电压为 12V 时流量应为 430cm^3/15s。具体某一种车型的流量标准应参照相关维修手册。

图 6-45　测量燃油保持压力

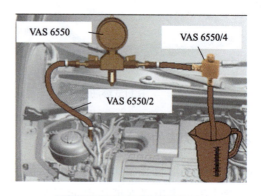

图 6-46　流量测量连接方法

三、燃油压力表的使用实例

1. 问询、记录车辆信息

车型	奥迪 Q8 3.0T	发动机型号	DCBD	变速器型号	OD5
VIN	WAURGCF13KD******			行驶里程	8536km
故障现象	奥迪 Q8 发动机加速不良			故障频率	一直

2. 故障现象确认

起动车辆，仪表废气灯亮起，发动机加速不良，转速无法超过 2500r/min，如图 6-47 所示，确认为发动机加速不良故障。

3. 诊断分析

工具准备：通用工具、诊断仪、燃油压力表、万用表。

图 6-47　仪表发动机废气灯常亮

用诊断仪检查，发动机控制单元 J623 内有故障码"P310A00 燃油低压调节 燃油压力波动主动/静态；P308D00 燃油泵转速过低被动/偶发"，如图 6-48 所示。低压燃油泵电路图如图 6-49 所示。

图 6-48　发动机控制单元内的故障码

根据该故障码指向，故障原因重点在低压燃油泵供油不足，可能原因有：①低压燃油泵滤清器堵塞；②低压供油管路受到挤压，导致流量不足；③燃油压力调节阀泄压；④电动燃油泵转速不够。

首先根据引导型功能检查了电动燃油泵的 3 个线圈是否断路，经检查，3 个线圈电阻在 0.3Ω，低于规定值 3Ω 的。接着在低压燃油管路中安装了燃油压力表，发现发动机怠速时

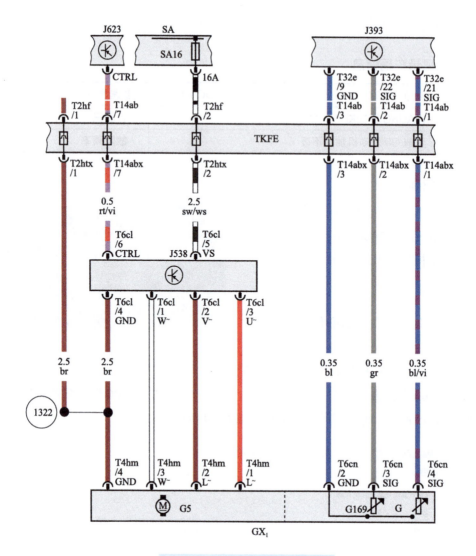

图 6-49 低压燃油泵相关电路图

燃油压力在 3~7bar 之间摆动且摆动频率较慢（图 6-50）；发动机熄火后燃油压力随之降为 0bar。

根据上述检查，初步分析是由于燃油压力调节器无法保持压力，导致低压燃油压力泄压，从而建立不起正确的低压燃油压力。

4. 排除故障与总结

由于燃油压力调节器集成在燃油滤清器上，且该滤清器属于终身免换（厂家不提供备件）。更换燃油泵总成后再次检查低压燃油压力，发现在急速时燃油压力在 4.5~5.5bar 之间快速摆动（图 6-51），且熄火后燃油压力能够保持在 5bar。

经长时间路试，发动机加速有力，没有出现发动机废气灯点亮的情况，确定故障彻底排除。

图 6-50 故障低压燃油压力值

图 6-51 正常的低压燃油压力值

由于低压燃油压力调节器泄压，导致燃油低压无法建立，此时发动机控制单元为了保障燃油压力供给，提高了燃油泵的驱动占空比，也就是提高了燃油泵转速来提高油压。在这种情况下仍无法满足大负荷的燃油供给，所以发动机控制单元报"燃油泵转速过低和燃油压力调节波动"这两个故障码。

任务七　排气背压表的使用方法与应用技巧

一、排气背压表的应用场景

当出现发动机动力不足、加速不畅，根据诊断分析可能是排气系统存在堵塞时，可以利用排气背压表进行测量。

二、排气背压表结构

排气背压表主要由表头和连接管路组成，外观如图 6-52 所示。

图 6-52 排气背压表

三、排气背压表的使用方法

1）拆卸氧传感器。选择相应工具，拆卸氧传感器，不得敲击、磕碰。如果是双氧传感器应拆卸前氧传感器。

2）安装排气压力表。将压力表安装到氧传感器孔中，连接时要注意拧紧的力矩。

3）起动发动机，测量怠速时排气压力值，应在8.6kPa以下。如果怠速时压力值超过20kPa，则应立即熄火，不允许提高发动机转速，以防仪器损坏。

4）将发动机转速提高到2000r/min。检查压力，应不超过20.7kPa。

5）根据压力表指示值，判断排气系统是否堵塞。

6）拆下排气压力表。排气压力表拆下后，应采用自然冷却降温的方式，不能强行降低温度，待接头温度和室外温度一致时，方可将仪器放入盒内。

7）装复氧传感器，按规定力矩紧固。

四、排气背压表使用注意事项

1）如果怠速时压力值超过20kPa，则应立即熄火，不允许提高发动机转速，以防仪器损坏。

2）由于排气温度较高，所以测试时间应尽量缩短（最长不超过3min），以避免仪器连接的橡胶管部件长时间受高温影响而损坏。

大众车系怠速时排气压力值应在8.6kPa以下，在发动机转速为2500r/min时观察压力表的读数，此时压力值应小于17.24kPa。若排气管背压大于或等于20.70kPa，则说明排气系统堵塞。不同车型的排气背压不尽相同，具体可按照相关维修手册或是在同型号正常工作的车辆上取样对比。

五、排气背压表的使用实例

1. 问询、记录车辆信息

车型	Q3 2.0T	发动机型号	CRH	变速器型号	0BH
VIN	WAUDFA8U2DR******			行驶里程	163252km
故障现象	奥迪Q3加速不良			故障频率	一直

2. 诊断分析

工具准备：通用工具、诊断仪、万用表、排气背压表。

用诊断仪检查，01发动机控制单元内有故障码"P0101 空气流量传感器1信号不可信；P2178 气缸列1，燃油测量系统 自怠速转速起系统过浓"。根据故障码提示，初步分析可能是由于进气量不足导致混合气浓和加速不良。

根据诊断仪提示，检查了空气流量传感器的线路，均未发现异常（图6-53），根据诊断仪提示需更换空气流量传感器。

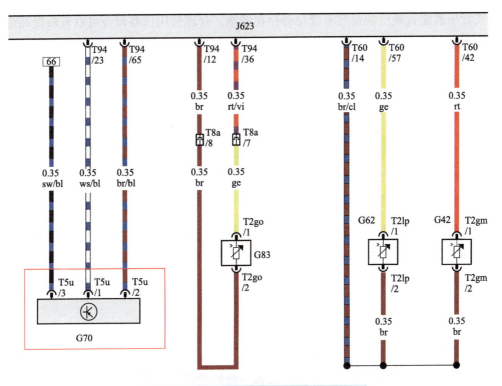

图 6-53 空气流量传感器 G70 相关电路图

根据维修经验分析，由于进、排气堵塞也会导致空气流量传感器信号不可信。所以首先检查了进气系统的空气滤清器及进气管路，未发现有堵塞现象。拆下前氧传感器，使用排气背压表检查排气系统背压，发现在怠速时排气背压为 43kPa 左右，说明排气系统存在明显堵塞（图 6-54）。此时需立即熄火，不得检查加速时的排气背压，以免损坏排气背压表。

3. 排除故障与总结

拆下三元催化器检查发现其堵塞面积达到了 90% 左右，更换三元催化器后故障彻底排除（图 6-55）。

图 6-54 怠速时排气背压异常

图 6-55 三元催化器堵塞

排气背压表能直观反映排气系统是否存在堵塞,合理使用仪器设备可以有效提高维修效率和一次修复率。

任务八　气缸漏气压力表的使用方法与应用技巧

一、气缸漏气压力表的应用场景

当发动机出现动力不足、发动机抖动或曲轴箱窜气较大时,经过分析认为可能是气缸活塞环、进排气门、气缸垫、气缸盖以及气缸体可能存在漏气时应使用气缸漏气压力表进行检查。

二、气缸漏气压力表功能介绍

气缸漏气压力表由标准压力表、漏气压力表、相关连接管路和适配接头组成(图6-56)。在使用时需要将车间的气源连接到标准压力表一侧的管路上,调节压力旋钮使标准压力表压力低于车间气源压力约69kPa。

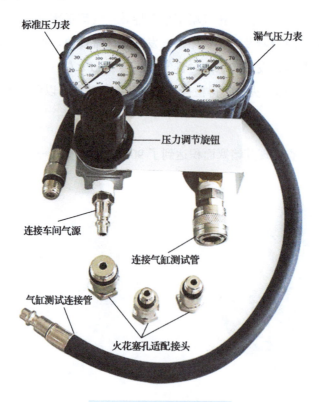

图6-56　气缸漏气压力表

三、气缸漏气压力表的使用方法和技巧

1. 气缸漏气压力表使用方法

1)首先将自动档车型挂在"P"位,手动档车型挂空档,并拉紧驻车制动。测试过程中,不要起动汽车,发动机在静止状态下测试。

2)清洁火花塞周围,拆下所有火花塞,拧紧散热器盖、机油盖,空气滤清器应清洁。

3)人工转动曲轴使被测气缸处于压缩行程上止点,此时进排气门都关闭。

4)将一端带有快速接头、另一端可旋入火花塞孔的高压橡胶管安装到被测气缸火花塞孔。

5)将检测仪右侧的压力表连接到快速接头上。

6)将检测仪左侧的压力表通入压缩空气,用调节阀调节左侧压力表的压力值至400kPa。

7)此时右侧压力表显示的是被测气缸的漏气压力。如果左侧压力表的压力值为400kPa,右侧压力表的压力值也是400kPa,则表示该缸密封性良好。如果左侧压力表的压力值为400kPa,而右侧压力表的压力值是360kPa,则表示该缸的漏气率约为10%。

8)测试结束后,拆除测试仪,并将原车点火系统连接好。

9)不同车型的气缸漏气率不尽相同,具体可参照相关维修手册或是同型号正常车型对比数据。

2. 检测分析技巧

1)若从进气管处能听到漏气声,则为进气门密封不严。

2)若从排气管处能听到漏气声,则为排气门密封不严。

3)若从加机油口处能听到漏气声,则为气缸、活塞、活塞环磨损较大,缸壁间隙、活塞环间隙大。

4)打开散热器盖,观察冷却系统加注口处有无水泡冒出,若有为缸垫冲坏。

对漏气率较大的气缸,应同时检查进气管、加机油口、排气管、散热器加注口处是否有气体漏出,查找漏气部位及原因。

参 考 文 献

［1］何前儒. 汽车故障诊断与维修技术［M］. 成都：西南交通大学出版社，2016.
［2］明光星，李晗. 汽车发动机电控系统原理与检修一体化教程［M］. 北京：机械工业出版社，2013.
［3］沈沉，刘宜. 汽车底盘电控系统原理与检修一体化教程［M］. 北京：机械工业出版社，2013.
［4］秦志刚. 汽车新技术新配置与应用［M］. 北京：机械工业出版社，2018.

目录
Contents

项目一
电控发动机系统常见故障诊断与检测 ...001

- 任务一　发动机无法起动 ...001
- 任务二　发动机加速不良 ...003
- 任务三　发动机失火 ...004
- 任务四　发动机废气灯亮 ...005
- 任务五　涡轮增压系统工作不正常 ...007
- 任务六　发动机冷却液温度高 ...008
- 任务七　发动机怠速不稳 ...010
- 任务八　发动机机油压力报警 ...011

项目二
底盘电控系统常见故障诊断与检测 ...014

- 任务一　双离合器变速器无法行车 ...014
- 任务二　双离合器变速器换档异常 ...016
- 任务三　无级自动变速器起步异常 ...017
- 任务四　无级自动变速器行驶中耸车 ...019
- 任务五　ABS/ESP 系统报警 ...020
- 任务六　空气悬架系统漏气 ...022
- 任务七　空气悬架系统无法升降 ...023
- 任务八　电动机械式转向系统故障 ...023

项目三

车身电气系统常见故障诊断与检测 ... 026

  任务一 中央门锁无法正常工作 ... 026
  任务二 车辆照明/信号灯故障 ... 027
  任务三 遥控器工作不正常 ... 029
  任务四 空调系统不工作 ... 030
  任务五 暖风系统不制热 ... 032
  任务六 天窗系统工作不正常 ... 033
  任务七 安全气囊系统工作不正常 ... 035

项目四

驾驶员辅助系统常见故障诊断与检测 ... 036

  任务一 车道保持系统工作不正常 ... 036
  任务二 自适应巡航系统工作不正常 ... 037
  任务三 换道辅助（盲点监控）系统工作不正常 ... 037
  任务四 车周摄像系统工作不正常 ... 038
  任务五 自动泊车辅助系统工作不正常 ... 040
  任务六 夜视系统工作不正常 ... 043
  任务七 动态转向系统工作不正常 ... 044

项目五

信息娱乐系统常见故障诊断与检测 ... 045

  任务一 收音机系统工作不正常 ... 045
  任务二 音响系统工作不正常 ... 047
  任务三 导航系统工作不正常 ... 048
  任务四 信息娱乐系统无法开机 ... 050

项目一　电控发动机系统常见故障诊断与检测

任务一　发动机无法起动

一、复习题

1. 发动机正常工作的必需条件有_____、_____、_____和_____。
2. 汽油机理论空燃比是_____。
3. 配气正时指的是_____和_____的相对位置必须正确。
4. 发动机起动时有"嗒嗒"声，可能原因有_____和_____。
5. 起动机不转且无其他任何现象的可能原因有哪些？

6. 起动机运转有力但无法起动的检查步骤是什么？

7. 本节案例故障现象属于哪一种类型？引起这个故障的可能原因有哪些？

二、技能训练

任务一　发动机无法起动

一、车辆信息记录

品牌		整车型号		生产日期	
发动机型号		变速器型号		行驶里程	
车辆识别码					

汽车检测与故障诊断一体化教程（工作页）

（续）

二、工具设备	

三、实施功能检查，确认故障现象，推断故障范围

1. 故障描述，实施功能检查，确认故障现象	
2. 根据故障现象，判断可能原因	

四、诊断分析

1. 诊断流程（若发现问题，则确定故障范围，进入诊断步骤进行诊断）

检测流程		检查项目	结果判定	说明
起动机不能转动	1	检查起动时的蓄电池电压	正常□ 异常□	
	2	检查起动机的电源及搭铁	正常□ 异常□	
	3	自动变速器档位是否处于P位	正常□ 异常□	
	4	制动灯开关检查	正常□ 异常□	
	5	诊断仪读取是否有50起动请求信号	正常□ 异常□	
	6	起动继电器30和85端是否有供电和控制信号	正常□ 异常□	
	7	跨接起动继电器是否可以动作	正常□ 异常□	
	8	检查起动机主供电、搭铁和50控制	正常□ 异常□	
起动机可以转动	1	检查起动时的蓄电池电压	正常□ 异常□	
	2	起动机运转无力	正常□ 异常□	
	3	检查起动机的电源及搭铁	正常□ 异常□	
	4	起动机	正常□ 异常□	
	5	读取故障码	正常□ 异常□	
	6	燃油压力检测	正常□ 异常□	
	7	发动机转速传感器检查	正常□ 异常□	
	8	点火波形检查	正常□ 异常□	
	9	进排气系统是否堵塞	正常□ 异常□	
	10	检查配气相位是否正确	正常□ 异常□	
	11	检查气缸压缩比是否正常	正常□ 异常□	

2. 故障范围确认

项目一 电控发动机系统常见故障诊断与检测

（续）

3. 诊断步骤	（请写出详细操作步骤及测量数据，若需要，请画出相应原理图。采用万用表、示波器、诊断仪检测可参照下面的表格书写，示波器测量可以单独画出波形）				
测试对象	测试条件	测试设备	测试结果		结果分析
^	^	^	标准值	实测值	^

控制原理图：

五、排除故障	
1. 诊断结果及故障机理分析	
2. 故障处理及验证	

三、分组演讲与讨论环节

分组上台分享故障排查过程与心得，其他小组对检查过程不合理的地方提出改进意见。指导老师在最后进行总结点评，加深学生对检测方法、诊断思路、类似故障特点的印象。

任务二　发动机加速不良

复习题

1. 发动机加速不良的主要原因有_____、_____、_____、_____和_____。
2. 导致配气正时不正确的可能原因有_____和_____。
3. 电控发动机检修的三个步骤是_____、_____和_____。
4. 进排气系统堵塞可以通过_____和_____来检查。

5. 读取数据块时主要读取哪些传感器的数据块？

6. 如何使用燃油压力表对低压燃油供油压力进行检查？

7. 本节案例是由什么原因导致的发动机加速无力？类似故障可能原因还有哪些？

任务三　发动机失火

复习题

1. 发动机失火故障主要表现为_____和_____。
2. 发动机失火类型可分为_____和_____。
3. 单缸失火的主要原因有_____、_____、_____、_____、_____、_____、_____和_____
4. 失火故障判断主要是通过_____和_____两个传感器监控判断得到的。
5. 简述发动机失火控制策略。

6. 多缸失火指的是哪种故障现象，可能原因有哪些？

7. 本节案例属于哪种类型失火？是什么原因导致的失火？

任务四　发动机废气灯亮

一、复习题

1. 当废气灯点亮时主要影响的是_____，而发动机_____基本不受影响。
2. 当废气灯点亮时，发动机控制单元一定会有_____产生；此时需要根据诊断仪的提示进行逐步检查。
3. 当 OBD 系统报码分析原因指向燃油品质时，一般采用_____或_____的方法来验证。
4. OBD 系统产生故障修复后，可能对发动机_____功能产生影响；此时需要通过重新生成_____来解决。
5. OBD 系统监控对象主要有哪些？

6. OBD 故障的诊断分析思路有哪些？

7. 本节案例废气灯点亮是由什么原因导致的？在排除此故障时还应了解哪些专业知识？

二、技能训练

任务四　发动机废气灯亮

一、车辆信息记录

品牌		整车型号		生产日期	
发动机型号		变速器型号		行驶里程	
车辆识别码					

汽车检测与故障诊断一体化教程（工作页）

（续）

二、工具设备	
三、实施功能检查，确认故障现象，推断故障范围	
1. 故障描述，实施功能检查，确认故障现象	
2. 根据故障现象，判断可能原因	

四、诊断分析

1. 诊断流程（若发现问题，则确定故障范围，进入诊断步骤进行诊断）

	检测流程	检查项目	结果判定	说明
读取故障码	P044100 燃油箱通气装置系统流速不正确 P218700 燃油计量系统太稀	检查燃油箱蒸气回收系统 检查炭罐	正常□ 异常□	
		检查炭罐电磁阀 N80	正常□ 异常□	
		检查燃油箱蒸气回收系统管路是否堵塞、漏气	正常□ 异常□	
	P1411 二次空气系统生产能力太低 P04110 二次空气气流故障 P14230 第1组二次空气系统生产能力太低	检查组合阀、二次空气泵功能	正常□ 异常□	
		检查空气滤清器	正常□ 异常□	
		检查二次空气管路	正常□ 异常□	
	P201500 进气管风门位置/运行控制传感器	检查进气歧管风门电位计	正常□ 异常□	
	P0420 催化剂系统催化效率低	检查三元催化器	正常□ 异常□	
	P2177 燃油计量系统在高于怠速时过稀	检查喷油器	正常□ 异常□	
	其他故障码	根据诊断仪提示检查		

2. 故障范围确认	
3. 诊断步骤	（请写出详细操作步骤及测量数据，若需要，请画出相应原理图。采用万用表、示波器、诊断仪检测可参照下面的表格书写，示波器测量可以单独画出波形）

（续）

测试对象	测试条件	测试设备	测试结果		结果分析
			标准值	实测值	

控制原理图：

五、排除故障	
1. 诊断结果及故障机理分析	
2. 故障处理及验证	

三、分组演讲与讨论环节

分组总结分享故障排查过程与心得，其他小组对检查过程不合理的地方提出改进意见。指导教师在最后进行总结点评，加深学生对检测方法、诊断思路、类似故障特点的印象。

任务五 涡轮增压系统工作不正常

复习题

1. 当增压系统出现故障时，发动机控制单元一般报故障码_____或_____。
2. 增压器根据驱动方式不同可分为_____和_____。
3. 增压压力过高的可能原因有_____、_____和_____。
4. 废气涡轮增压器通过_____来提高增压器的响应性，避免突然关闭节气门对_____造成阻滞，不利于下次增压压力响应。
5. 废气涡轮增压器的工作原理是什么？

6. 增压压力不足的可能原因有哪些？

7. 本节案例是由什么原因导致增压压力不足的？最终是通过哪些检测方法确定故障原因的？

任务六　发动机冷却液温度高

一、复习题

1. 发动机冷却液温度高的主要故障表现为_____和_____。
2. 发动机冷却系统主要由_____、_____和_____组成。
3. 传统的冷却系统节温器将发动机温度控制在_____之间，而新型温度管理系统一般将温度控制在_____之间。
4. 带有温度管理系统的车辆在特定工况可能_____保持运转，这种情况是正常的控制策略。可以通过维修手册标准数据和诊断实际数据来判断是否正常。
5. 冷却系统的作用有哪些？

6. 冷却系统温度高的可能原因有哪些？

7. 本节案例属于哪一种类型的案例，此类案例的其他可能原因有哪些？

二、技能训练

任务六　发动机冷却液温度高

一、车辆信息记录

品牌		整车型号		生产日期	
发动机型号		变速器型号		行驶里程	
车辆识别码					

二、工具设备

二、工具设备	

三、实施功能检查，确认故障现象，推断故障范围

1. 故障描述，实施功能检查，确认故障现象	
2. 根据故障现象，判断可能原因	

四、诊断分析

1. 诊断流程（若发现问题，则确定故障范围，进入诊断步骤进行诊断）

检测流程	检查项目	结果判定	说明
1	检查冷却液温度数据流与仪表冷却液温度是否一致	正常□　异常□	
2	冷却液温度传感器插接器是否正常	正常□　异常□	
3	用外红测温仪检查冷却液温度传感器处温度是否与冷却液温度测量数据偏差在5℃之内	正常□　异常□	
4	检查散热风扇能否高速运转	正常□　异常□	
5	检查散热风扇导风圈是否良好	正常□　异常□	
6	检查冷凝器是否脏堵	正常□　异常□	
7	检查散热器是否脏堵	正常□　异常□	
8	检查散热器出水管和回水管的温差	正常□　异常□	
9	检查膨胀水箱的回水状态	正常□　异常□	
10	检查冷却系统各节点温差	正常□　异常□	
11	检查冷却管路是否堵塞	正常□　异常□	
12	检查发动机是否爆燃	正常□　异常□	
13	检查排气系统是否堵塞	正常□　异常□	
14	检查配气正时是否正确	正常□　异常□	
15	检查自动变速器是否打滑	正常□　异常□	
16	检查发动机气缸垫是否冲床	正常□　异常□	

（续）

2. 故障范围确认	
3. 诊断步骤	（请写出详细操作步骤及测量数据，若需要，请画出相应原理图。采用万用表、示波器、诊断仪检测可参照下面的表格书写，示波器测量可以单独画出波形）

测试对象	测试条件	测试设备	测试结果		结果分析
			标准值	实测值	

控制原理图：

五、排除故障

1. 诊断结果及故障机理分析	
2. 故障处理及验证	

三、分组演讲与讨论环节

分组上台分享故障排查过程与心得，其他小组对检查过程不合理的地方提出改进意见。指导老师在最后进行总结点评，加深学生对检测方法、诊断思路、类似故障特点的印象。

任务七　发动机怠速不稳

复习题

1. 怠速不稳指的是在怠速时发动机存在_____或_____。
2. 怠速不稳的可能原因有_____、_____、_____。
3. 怠速不稳且发动机电控系统无故障时应重点读取_____、_____、_____、_____、_____、_____和_____、传感器的数据，查看有无偏差。

4. 怠速不稳常规检查应重点检查_____和_____。

5. 发动机怠速是什么意思？

6. 发动机做功不均匀的原因有哪些？

7. 本节案例属于哪种类型的案例，此案例的其他可能原因有哪些？

任务八　发动机机油压力报警

一、复习题

1. 机油压力报警是指发动机在运转工况，仪表_____突然点亮。
2. 润滑系主要由_____、_____、_____、_____、_____、_____和_____组成。
3. 机油警告灯点亮的可能原因有_____或_____。
4. 对于可调压力式机油泵一般有_____和_____两个开关。
5. 润滑系的作用是什么？

6. 发动机机油压力低，机械方面的可能原因有哪些？

7. 本节故障属于哪一种类型的故障，类似故障现象还有可能是哪些原因导致的？

二、技能训练

任务八　发动机机油压力报警

一、车辆信息记录

品牌		整车型号		生产日期	
发动机型号		变速器型号		行驶里程	
车辆识别码					

二、工具设备

三、实施功能检查，确认故障现象，推断故障范围

1. 故障描述，实施功能检查，确认故障现象	
2. 根据故障现象，判断可能原因	

四、诊断分析

1. 诊断流程（若发现问题，则确定故障范围，进入诊断步骤进行诊断）

检测流程		检查项目	结果判定	说明
机油压力监控系统故障	1	测量发动机实际机油压力	正常□　异常□	
	2	读取机油压力数据流	正常□　异常□	
	3	检查机油压力开关线路	正常□　异常□	
	4	检查组合仪表	正常□　异常□	
	5	读取故障码	正常□　异常□	
机油压力低	1	检查机油液位是否正常	正常□　异常□	
	2	检查机油滤清器底座单向阀	正常□　异常□	
	3	检查活塞冷却喷嘴	正常□　异常□	
	4	检查机油泵	正常□　异常□	

2. 故障范围确认

3. 诊断步骤　（请写出详细操作步骤及测量数据，若需要，请画出相应原理图。采用万用表、示波器、诊断仪检测可参照下面的表格书写，示波器测量可以单独画出波形）

（续）

测试对象	测试条件	测试设备	测试结果		结果分析
			标准值	实测值	

控制原理图：

五、排除故障	
1. 诊断结果及故障机理分析	
2. 故障处理及验证	

三、分组演讲与讨论环节

分组总结分享故障排查过程与心得，其他小组对检查过程不合理的地方提出改进意见。指导老师在最后进行总结点评，加深学生对检测方法、诊断思路、类似故障特点的印象。

项目二　底盘电控系统常见故障诊断与检测

任务一　双离合器变速器无法行车

一、复习题

1. 双离合器变速器分为_____和_____两种。
2. 湿式双离合器变速器当 ATF 油温超过_____℃，会切断动力传递。
3. 当双离合器变速器_____传感器出现故障时，则切断动力传递。
4. 当双离合器变速器进入应急状态，则_____的档位可以传递动力。
5. 02E 变速器 K1 和 K2 离合器分别负责哪些档位？

6. 02E 变速器油路中的多路转换阀起什么作用？

7. 本节案例双离合器变速器的故障类型属于哪种？引起变速器无法行车的原因还有哪些？

二、技能训练

任务一　双离合器变速器无法行车

一、车辆信息记录

品牌		整车型号		生产日期	
发动机型号		变速器型号		行驶里程	
车辆识别码					

（续）

二、工具设备	
三、实施功能检查，确认故障现象，推断故障范围	
1. 故障描述，实施功能检查，确认故障现象	
2. 根据故障现象，判断可能原因	

四、诊断分析

1. 诊断流程（若发现问题，则确定故障范围，进入诊断步骤进行诊断）

检测流程	检查项目	结果判定	说明
1	读取故障码	正常□ 异常□	
2	无法通信，检查变速器控制单元供电、搭铁	正常□ 异常□	可通信，转步骤5
3	检查变速器控制单元至网关驱动总线是否正常	正常□ 异常□	
4	检查变速器电子控制单元	正常□ 异常□	
5	有故障码，根据故障码引导型测试计划排除故障	正常□ 异常□	
6	无明确引导计划，检查ATF油位是否正常	正常□ 异常□	
7	读取数据流分析排故	正常□ 异常□	

2. 故障范围确认

3. 诊断步骤（请写出详细操作步骤及测量数据，若需要，请画出相应原理图。采用万用表、示波器、诊断仪检测可参照下面的表格书写，示波器测量可以单独画出波形）

测试对象	测试条件	测试设备	测试结果		结果分析
			标准值	实测值	

控制原理图：

（续）

五、排除故障	
1. 诊断结果及故障机理分析	
2. 故障处理及验证	

三、分组演讲与讨论环节

分组总结分享故障排查过程与心得，其他小组对检查过程不合理的地方提出改进意见。指导老师在最后进行总结点评，加深学生对检测方法、诊断思路、类似故障特点的印象。

任务二　双离合器变速器换档异常

复习题

1. 双离合器变速器换档异常是指_____或_____故障现象。
2. 干式双离合器变速器的离合器是在分离拨叉_____时传递动力。
3. 干式双离合器变速器换档舒适性要_____一些。
4. 干式双离合器变速器_____可能会导致离合器锁止，从而出现无法行车的故障。
5. 干式双离合器变速器与湿式双离合器变速器有哪些差异？

6. 干式双离合器变速器维护注意事项有哪些？

7. 本节案例属于双离合器变速器哪类故障，其可能原因有哪些？

任务三　无级自动变速器起步异常

一、复习题

1. 无级自动变速器起步异常是指无论是挂 R 位或 D 位，在起步时都存在_____或是_____的现象。
2. 无级自动变速器传动比是通过改变_____的大小来实现的。
3. 无级自动变速器当_____传感器出现故障或是_____开关出现故障时会出现无法行车。
4. 无级自动变速器离合器的主要功能有_____、_____、_____、_____和_____。
5. 无级自动变速器的应急状态有哪些表现？

6. 起步耸车的诊断检查流程是什么？

7. 本节案例是由什么原因导致的，更换完损伤件后还需要做哪些工作？

二、技能训练

任务三　无级自动变速器起步异常

一、车辆信息记录					
品牌		整车型号		生产日期	
发动机型号		变速器型号		行驶里程	
车辆识别码					
二、工具设备					
三、实施功能检查，确认故障现象，推断故障范围					
1.故障描述，实施功能检查，确认故障现象					

（续）

2.根据故障现象，判断可能原因		

四、诊断分析

1.诊断流程(若发现问题，则确定故障范围，进入诊断步骤进行诊断)

检测流程	检查项目	结果判定	说明
1	检查ATF油位是否正常，品质是否正常	正常□ 异常□	
2	读取故障码	正常□ 异常□	可通信，转步骤5
3	若无法通信，检查变速器控制单元供电、搭铁	正常□ 异常□	
4	检查变速器控制单元通信总线	正常□ 异常□	
5	检查变速器控制单元	正常□ 异常□	无故障码，转步骤6
6	有故障码，根据诊断仪提示检测计划进行排故	正常□ 异常□	
7	读取数据流分析排故（着重观测离合器控制电磁阀电流、离合器行程、离合器压力、安全控制电磁阀数据）	正常□ 异常□	
8	进行离合器驱动匹配		

2.故障范围确认	
3.诊断步骤	（请写出详细操作步骤及测量数据，若需要，请画出相应原理图。采用万用表、示波器、诊断仪检测可参照下面的表格书写，示波器测量可以单独画出波形）

测试对象	测试条件	测试设备	测试结果		结果分析
			标准值	实测值	

控制原理图：

(续)

五、排除故障	
1. 诊断结果及故障机理分析	
2. 故障处理及验证	

三、分组演讲与讨论环节

分组总结分享故障排查过程与心得，其他小组对检查过程不合理的地方提出改进意见。指导老师在最后进行总结点评，加深学生对检测方法、诊断思路、类似故障特点的印象。

任务四　无级自动变速器行驶中耸车

复习题

1. 无级自动变速器行驶中耸车可能是_____、_____、_____和_____导致。

2. 无级自动变速器的缺点有_____和_____，不适合在大转矩车上使用。

3. 无级自动变速器在_____或_____后一定要进行离合器匹配，否则可能出现严重的换档舒适性故障。

4. 简述无级变速器变速原理。

5. 无级变速器的优缺点有哪些。

6. 本节案例中的故障原因是什么，类似故障还可能是由哪些原因导致的。

任务五　ABS/ESP 系统报警

一、复习题

1. ABS 的四个工作阶段是_____、_____、_____和_____。
2. ESP 是基于 ABS 的控制系统,它主要对行驶中_____和_____两种工况进行修正。
3. ABS 的作用是在制动过程中为提高车轮的_____和_____系数,缩短制动距离,同时还要保障_____的操控能力。
4. 当 ABS 工作不正常时,ESP 系统_____工作。
5. ABS 和 ESP 有什么关联?

6. 简述 ESP 是如何对转向过度进行调节的。

7. 本节案例是由什么原因导致的,引起该类问题的可能原因还有哪些?

二、技能训练

任务五　ABS/ESP 系统报警

一、车辆信息记录					
品牌		整车型号		生产日期	
发动机型号		变速器型号		行驶里程	
车辆识别码					
二、工具设备					
三、实施功能检查,确认故障现象,推断故障范围					
1. 故障描述,实施功能检查,确认故障现象					
2. 根据故障现象,判断可能原因					

（续）

四、诊断分析

1. 诊断流程（若发现问题，则确定故障范围，进入诊断步骤进行诊断）

检测流程		检查项目	结果判定	说明
ABS故障	1	读取故障码	正常□ 异常□	
	2	无法通信，检查ABS控制单元供电、搭铁	正常□ 异常□	可通信，转步骤5
	3	检查ABS控制单元至网关驱动总线是否正常	正常□ 异常□	
	4	检查ABS控制单元，并在线编码匹配	正常□ 异常□	
	5	有故障码，根据故障码引导型测试计划排除故障	正常□ 异常□	
	6	无明确引导计划，读取数据流分析排故。重点读取4个车轮轮速传感器	正常□ 异常□	
	7	检查ABS控制单元型号是否正确，检查ABS控制单元编码是否正确	正常□ 异常□	
TPMS故障	1	检查各个轮胎气压		
	2	检查轮胎气压是否一致		
	3	检查轮胎是否漏气		
	4	按标准气压重新充气，存储轮胎气压，进行40km/h、60km/h、80km/h轮胎周长学习		
ESP故障	1	按照ABS故障进行检查		
	2	无ABS故障，检查其他关联系统故障，根据诊断仪提示进行排除		

2. 故障范围确认

3. 诊断步骤　（请写出详细操作步骤及测量数据，若需要，请画出相应原理图。采用万用表、示波器、诊断仪检测可参照下面的表格书写，示波器测量可以单独画出波形）

测试对象	测试条件	测试设备	测试结果		结果分析
			标准值	实测值	

控制原理图：

（续）

五、排除故障	
1. 诊断结果及故障机理分析	
2. 故障处理及验证	

三、分组演讲与讨论环节

分组总结分享故障排查过程与心得，其他小组对检查过程不合理的地方提出改进意见。指导老师在最后进行总结点评，加深学生对检测方法、诊断思路、类似故障特点的印象。

任务六　空气悬架系统漏气

复习题

1. 空气悬架主要是将_____和_____组合而成。
2. 空气悬架漏气的可能原因有_____、_____、_____、_____和_____。
3. 空气悬架漏气的主要表现是一个或多个空气弹簧_____。
4. 空气悬架系统由哪些元件组成？

5. 空气悬架一般有几种控制模式？

6. 本节案例的故障原因是什么？引起该故障的可能原因还有哪些？

任务七 空气悬架系统无法升降

复习题

1. 剩余压力保持阀一般会使空气弹簧内保持_____压力。
2. 空气弹簧调节过程对于_____都是两个车轮同时调节,以便在较高的精度调节位置。
3. 无法和控制单元通信的可能原因有_____、_____和_____。
4. 当空气悬架系统_____时悬架调节功能受限。
5. 空气弹簧的剩余压力保持阀的作用是什么?

6. 本节案例的故障原因是什么?类似故障的可能原因还有哪些?

7. 空气悬架系统的调节策略有哪些?

任务八 电动机械式转向系统故障

一、复习题

1. 电动机械式转向机的优点有_____、_____和_____。
2. 电动机械式转向机黄色警告灯点亮时,还有_____的助力。
3. 随车速增加而逐步_____助力直至停止助力,有助于高速行车的稳定性。
4. 装备了电动助力转向的车辆可以实现_____、_____等其他便捷辅助功能。
5. 电动助力转向的控制策略有哪些?

6. 电动转向系统黄色和红色报警都是什么含义？

7. 本节案例是什么原因导致的？引起该类报警的可能原因还有哪些？

二、技能训练

任务八　电动机械式转向系统故障

一、车辆信息记录

品牌		整车型号		生产日期	
发动机型号		变速器型号		行驶里程	
车辆识别码					

二、工具设备

三、实施功能检查，确认故障现象，推断故障范围

1. 故障描述，实施功能检查，确认故障现象	
2. 根据故障现象，判断可能原因	

四、诊断分析

1. 诊断流程（若发现问题，则确定故障范围，进入诊断步骤进行诊断）

检测流程	检查项目	结果判定	说明
1	读取故障码	正常□　异常□	
2	无法通信，检查转向控制单元供电、搭铁	正常□　异常□	可通信，转步骤5
3	检查转向控制单元车载总线	正常□　异常□	
4	检查转向控制单元	正常□　异常□	
5	有故障码，根据故障码引导型测试计划排除故障	正常□　异常□	
6	检查车辆编码是否正确	正常□　异常□	
7	检查电动转向机总成	正常□　异常□	

2. 故障范围确认

项目二 底盘电控系统常见故障诊断与检测

（续）

3.诊断步骤	（请写出详细操作步骤及测量数据，若需要，请画出相应原理图。采用万用表、示波器、诊断仪检测可参照下面的表格书写，示波器测量可以单独画出波形）					
测试对象	测试条件	测试设备	测试结果		结果分析	
			标准值	实测值		

控制原理图：

五、排除故障	
1.诊断结果及故障机理分析	
2.故障处理及验证	

三、分组演讲与讨论环节

分组总结分享故障排查过程与心得，其他小组对检查过程不合理的地方提出改进意见。指导老师在最后进行总结点评，加深学生对检测方法、诊断思路、类似故障特点的印象。

项目三　车身电气系统常见故障诊断与检测

任务一　中央门锁无法正常工作

复习题

1. 中央控制门锁由_____、_____、_____、_____和_____、_____组成。
2. _____功能是指无论车内车外均无法打开车门，只有通过遥控器才能解锁。
3. _____功能状态时可以从车内打开车门，方便车内人员逃生。
4. 遥控器正常电池电压应不低于_____V。
5. 中央门锁的控制策略有哪些？

6. 解锁后无法用门把手打开车门的可能原因有哪些？

7. 本节案例属于哪一类故障现象，其故障原因是什么？同类故障还有哪些可能的故障原因？

任务二 车辆照明 / 信号灯故障

一、复习题

1. 照明系统根据功能不同分为_____、_____、_____、_____和_____照明灯。
2. 信号指示系统由_____、_____、_____、_____（日间行车灯）等组成。
3. 装配有光线 / 雨量传感器的车辆可以根据光线明暗自动点亮_____。
4. 装配气体放电灯泡（氙气灯）的前照灯，其远近光切换通过_____位置以变来实现，也就是说其产生远光和近光的是_____灯泡。
5. 灯光系统包括哪些灯？

6. 灯光系统的控制策略有哪些？

7. 本节案例的故障原因是什么？如何对类似故障进行诊断分析？

二、技能训练

任务二 车辆照明 / 信号灯故障

一、车辆信息记录					
品牌		整车型号		生产日期	
发动机型号		变速器型号		行驶里程	
车辆识别码					
二、工具设备					
三、实施功能检查，确认故障现象，推断故障范围					
1. 故障描述，实施功能检查，确认故障现象					
2. 根据故障现象，判断可能原因					

（续）

四、诊断分析

1. 诊断流程（若发现问题，则确定故障范围，进入诊断步骤进行诊断）

检测流程		检查项目	结果判定		说明
前照灯不亮	1	读取故障码	正常□	异常□	
	2	有故障码，根据故障码引导型测试计划排除故障	正常□	异常□	
	3	无码，用诊断仪读取灯光开关请求信息	正常□	异常□	
	4	若无请求信息，检查灯光开关、灯光开关至控制单元线路	正常□	异常□	
	5	诊断仪 – 元件测试 – 前照灯	正常□	异常□	
	6	用诊断仪进行编码操作	正常□	异常□	
	7	检查前照灯供电、搭铁、前照灯至控制单元线路、前照灯控制模块	正常□	异常□	
日间行车灯不亮	1	读取故障码	正常□	异常□	
	2	有故障码，根据故障码引导型测试计划排除故障	正常□	异常□	
	3	用诊断仪进行 SVM 编码	正常□	异常□	
	4	无码，用诊断仪读取灯光开关请求信息	正常□	异常□	
	5	诊断仪 – 元件测试 日间行车灯	正常□	异常□	
	6	检查日间行车灯线路、控制模块	正常□	异常□	

2. 故障范围确认

3. 诊断步骤　（请写出详细操作步骤及测量数据，若需要，请画出相应原理图。采用万用表、示波器、诊断仪检测可参照下面的表格书写，示波器测量可以单独画出波形）

测试对象	测试条件	测试设备	测试结果		结果分析
			标准值	实测值	

控制原理图：

项目三 车身电气系统常见故障诊断与检测

（续）

五、排除故障	
1. 诊断结果及故障机理分析	
2. 故障处理及验证	

三、分组演讲与讨论环节

分组总结分享故障排查过程与心得，其他小组对检查过程不合理的地方提出改进意见。指导老师在最后进行总结点评，加深学生对检测方法、诊断思路、类似故障特点的印象。

任务三 遥控器工作不正常

复习题

1. 遥控器主要故障现象为_____或_____。
2. 汽车门锁遥控系统是在中央门锁的基础上增加了_____、_____、_____、_____、_____。
3. 当遥控指示灯不亮时，可能原因有_____或_____。
4. 当变速器档位不在_____位时，无法用遥控器实现上锁功能。
5. 遥控系统主要由哪些元件组成，其功能有哪些？

6. 遥控系统指示灯的含意分别是什么？

7. 本节案例的故障原因是什么？此类故障应该如何确认？

任务四 空调系统不工作

一、复习题

1. 自动空调系统一般由_____、_____、_____、_____系统和_____组成。
2. 传统的空调系统由_____、_____、_____、_____、_____、_____和制冷剂组成。
3. 空调压缩机工作但制冷效果不佳的可能原因有_____、_____、和_____。
4. 空调系统诊断时应首先使用诊断仪检查_____或是_____。
5. 空调系统是如何进行制冷循环的？

6. 空调系统的切断控制策略有哪些？

7. 本节案例的故障原因是什么？引起类似故障的可能原因有哪些？

二、技能训练

任务四　空调系统不工作

一、车辆信息记录					
品牌		整车型号		生产日期	
发动机型号		变速器型号		行驶里程	
车辆识别码					
二、工具设备					
三、实施功能检查，确认故障现象，推断故障范围					
1. 故障描述，实施功能检查，确认故障现象					
2. 根据故障现象，判断可能原因					

（续）

四、诊断分析

1. 诊断流程（若发现问题，则确定故障范围，进入诊断步骤进行诊断）

检测流程	检查项目	结果判定		说明
1	检查制冷剂加注量是否充足	正常□	异常□	
2	检查空调压力是否正常	正常□	异常□	
3	用诊断仪读取空调请求信息	正常□	异常□	
4	检查 AC 开关及线路	正常□	异常□	
5	读取空调压力阀的实际电流及空调压力	正常□	异常□	
6	检查空调控制单元	正常□	异常□	
7	检查空调压缩机	正常□	异常□	
8	读取蒸发器温度	正常□	异常□	
9	检查冷凝器是否堵脏	正常□	异常□	
10	检查暖风热交换器截止阀是否卡滞	正常□	异常□	
11	检查混合风门是否卡滞	正常□	异常□	

2. 故障范围确认	
3. 诊断步骤	（请写出详细操作步骤及测量数据，若需要，请画出相应原理图。采用万用表、示波器、诊断仪检测可参照下面的表格书写，示波器测量可以单独画出波形）

测试对象	测试条件	测试设备	测试结果		结果分析
			标准值	实测值	

控制原理图：

五、排除故障

1. 诊断结果及故障机理分析	
2. 故障处理及验证	

三、分组演讲与讨论环节

分组总结分享故障排查过程与心得，其他小组对检查过程不合理的地方提出改进意见。指导老师在最后进行总结点评，加深学生对检测方法、诊断思路、类似故障特点的印象。

任务五　暖风系统不制热

复习题

1. 暖风系统不制热的故障现象主要有_____和_____。
2. 暖风系统主要是利用_____的热能，对位于_____进行加热。
3. 车辆在停止时暖风正常，一旦车速超过某个特定值暖风效果迅速下降，这种情况是典型的_____所致。
4. 暖风系统主要由哪些元件组成？

5. 导致发动机温度没有达到正常工作温度的原因有哪些？

6. 本节案例的故障原因是什么？引起类似案例的可能原因还有哪些？

7. 诊断暖风系统用到的专用工具有哪些？

任务六 天窗系统工作不正常

一、复习题

1. 天窗系统故障主要是指_____和_____。
2. 天窗不能完全打开或关闭的可能原因有_____、_____和_____。
3. 天窗不能动作应主要从_____、_____、_____以及_____是否存在机械卡滞这几方面进行诊断分析。
4. 天窗在夏天气温较高时连续运行多次,可能会触发_____模式。
5. 天窗系统主要由哪些元件组成?

6. 天窗系统主要功能有哪些?

7. 本节案例天窗为什么不能动作?类似问题的可能原因还有哪些?

二、技能训练

任务六　天窗系统工作不正常

一、车辆信息记录					
品牌		整车型号		生产日期	
发动机型号		变速器型号		行驶里程	
车辆识别码					
二、工具设备					
三、实施功能检查,确认故障现象,推断故障范围					
1. 故障描述,实施功能检查,确认故障现象					
2. 根据故障现象,判断可能原因					

（续）

四、诊断分析

1. 诊断流程（若发现问题，则确定故障范围，进入诊断步骤进行诊断）

检测流程		检查项目	结果判定	说明
天窗不能开闭	1	读取故障码	正常□ 异常□	
	2	根据故障码引导型测试计划排除故障	正常□ 异常□	
	3	检查天窗电动机模块供电、搭铁	正常□ 异常□	
	4	检查天窗开关请求信号是否正常（诊断仪检查）	正常□ 异常□	
	5	检查天窗开关	正常□ 异常□	
	6	检查天窗电动机	正常□ 异常□	
天窗不能完全打开或关闭	1	清洁软化天窗轨道、密封条	正常□ 异常□	
	2	检查天窗电动机	正常□ 异常□	
	3	检查天窗框架	正常□ 异常□	

2. 故障范围确认

3. 诊断步骤　（请写出详细操作步骤及测量数据，若需要，请画出相应原理图。采用万用表、示波器、诊断仪检测可参照下面的表格书写，示波器测量可以单独画出波形）

测试对象	测试条件	测试设备	测试结果		结果分析
			标准值	实测值	

控制原理图：

五、排除故障

1. 诊断结果及故障机理分析	
2. 故障处理及验证	

项目三　车身电气系统常见故障诊断与检测

三、分组演讲与讨论环节

分组总结分享故障排查过程与心得，其他小组对检查过程不合理的地方提出改进意见。指导老师在最后进行总结点评，加深学生对检测方法、诊断思路、类似故障特点的印象。

任务七　安全气囊系统工作不正常

复习题

1. 安全气囊是_____的辅助装置，只有在正确使用_____的基础上，该系统才能充分发挥保护驾驶员和乘客的作用。
2. 常见气囊灯亮的原因有_____和_____两种。
3. 气囊是否引爆与撞碰时的_____和_____有关，不是所有的事故气囊都会引爆。
4. 安全气囊由哪些主要部件组成？

5. 安全气囊拆装注意事项有哪些？

6. 本节案例气囊警告灯亮是什么原因导致的？同类案例的可能原因还有哪些？

7. 安全气囊碰撞后的控制策略有哪些？

项目四　驾驶员辅助系统常见故障诊断与检测

任务一　车道保持系统工作不正常

复习题

1. 车道保持系统主要是利用_____来识别车道线。
2. 车道保持系统识别出偏离车道时通过_____和_____来警示驾驶员。
3. 主动式车道保持系统两种工作模式是_____和_____。
4. 车道保持系统不允许_____驾驶，且有最低_____限制。
5. 车道保持系统的功用是什么？它主要由哪些部件组成？

6. 车道保持系统黄灯亮起的可能原因有哪些？

7. 车道保持系统在哪些情况下需要校准？

任务二 自适应巡航系统工作不正常

复习题

1. 自适应巡航系统是一种利用雷达测距来判断与前车的_____和当前车速与前车_____时间，进而能根据前车的速度自动进行_____和_____的驾驶辅助系统。
2. 自适应巡航系统是一个多信息交流系统，当相关控制单元出现信息错误时也就_____工作了。
3. 对于同时配置前部摄像机和泊车辅助系统的自适应巡航车辆可以实现_____的跟车功能。
4. 自适应巡航系统当车道前面没有目标车辆时，此时系统和_____工作原理一致。
5. 自适应巡航系统的功用是什么？它主要由什么传感器进行测量？

6. 自适应巡航系统工作不正常的可能原因有哪些，本节案例是什么原因导致自适应巡航系统无法正常工作的？

7. 自适应巡航系统在哪些情况下需要校准？

任务三 换道辅助（盲点监控）系统工作不正常

复习题

1. 换道辅助系统利用雷达传感器监控车辆_____和_____的环境，在驾驶员变换车道时提供帮助。
2. 换道辅助系统只有在车速超过_____时，才会发出警报。

3. 基于换道辅助系统的驾驶员辅助系统还有_____、_____以及事故预防功能。

4. 换道辅助系统传感器上覆盖了其他东西导致雷达信号的_____受到影响,此时换道辅助系统会有故障码_____。

5. 换道辅助系统的功用是什么?它主要由哪些元件组成?

6. 换道辅助系统不能正常工作的可能原因有哪些,本节案例是什么原因导致换道辅助系统无法正常工作?

7. 换道辅助系统在哪些情况下需要校准?

任务四 车周摄像系统工作不正常

一、复习题

1. 车周摄像机的显示模式有_____、_____、_____、_____、_____和_____。

2. 车周摄像系统在自动激活状态下,车速超过_____就会关闭图像信息。

3. 当打开左侧车门时,左侧图像会_____。

4. 当车周摄像系统选择自动激活时,_____就会显示图像信息。

5. 车周摄像系统的功用是什么?它主要由哪些元件组成?

6. 车周摄像系统不能正常工作的可能原因有哪些,本节案例是什么原因导致车周摄像系统无法正常工作?

7. 车周摄像系统在哪些情况下需要校准？

二、技能训练

任务四　车周摄像系统工作不正常

一、车辆信息记录

品牌		整车型号		生产日期	
发动机型号		变速器型号		行驶里程	
车辆识别码					

二、工具设备

三、实施功能检查，确认故障现象，推断故障范围

1. 故障描述，实施功能检查，确认故障现象	
2. 根据故障现象，判断可能原因	

四、诊断分析

1. 诊断流程（若发现问题，则确定故障范围，进入诊断步骤进行诊断）

检测流程	检查项目	结果判定	说明
1	检查系统摄像头是否被覆盖	正常□　异常□	
2	检查是否由于四门两盖打开导致图像缺失	正常□　异常□	
3	检查摄像头	正常□　异常□	
4	读取故障码	正常□　异常□	
5	无法通信，检查控制单元供电、搭铁	正常□　异常□	可通信，转步骤8
6	检查控制单元至网关驱动总线是否正常	正常□　异常□	
7	检查控制单元	正常□　异常□	
8	有故障码，根据故障码引导型测试计划排除故障	正常□　异常□	
9	检查控制单元编码	正常□　异常□	未排除，转步骤7

2. 故障范围确认

（续）

3.诊断步骤	（请写出详细操作步骤及测量数据，若需要，请画出相应原理图。采用万用表、示波器、诊断仪检测可参照下面的表格书写，示波器测量可以单独画出波形）						
测试对象	测试条件	测试设备	测试结果		结果分析	
^	^	^	标准值	实测值	^	

控制原理图：

五、排除故障	
1.诊断结果及故障机理分析	
2.故障处理及验证	

三、分组演讲与讨论环节

分组总结并分享故障排查过程与心得，其他小组对检查过程不合理的地方提出改进意见。指导老师在最后进行总结点评，加深学生对检测方法、诊断思路、类似故障特点的印象。

任务五　自动泊车辅助系统工作不正常

一、复习题

1. 自动泊车辅助系统采用的传感器是_____传感器。
2. 在自动泊车过程中驾驶员负责_____和_____。

3. 自动泊车辅助工作模式有_____、_____和_____。

4. 泊车辅助系统默认是_____泊车，当需要在左侧泊车时需要激活泊车辅助功能后打开_____。

5. 自动泊车辅助系统的功用是什么？它主要由哪些元件组成？

6. 泊车辅助系统不能正常工作的可能原因有哪些，本节案例是什么原因导致泊车辅助系统无法正常工作？

7. 自动泊车辅助在哪些情况下自动中止泊车辅助功能？

二、技能训练

任务五　自动泊车辅助系统工作不正常

一、车辆信息记录

品牌		整车型号		生产日期	
发动机型号		变速器型号		行驶里程	
车辆识别码					

二、工具设备

三、实施功能检查，确认故障现象，推断故障范围

1. 故障描述，实施功能检查，确认故障现象	
2. 根据故障现象，判断可能原因	

(续)

四、诊断分析

1. 诊断流程（若发现问题，则确定故障范围，进入诊断步骤进行诊断）

检测流程	检查项目	结果判定	说明
1	检查转向灯开关	正常□ 异常□	
2	检查ABS有无故障码	正常□ 异常□	
3	检查电动转向控制单元	正常□ 异常□	
4	检查有无信号干扰	正常□ 异常□	
5	检查组合仪表和信息娱乐控制单元	正常□ 异常□	
6	读取故障码	正常□ 异常□	
7	无法通信，检查控制单元供电、搭铁	正常□ 异常□	可通信，转步骤10
8	检查控制单元至网关驱动总线是否正常	正常□ 异常□	
9	检查控制单元	正常□ 异常□	
10	有故障码，根据故障码引导型测试计划排除故障	正常□ 异常□	
11	检查控制单元编码	正常□ 异常□	
12	读取泊车辅助开关信息	正常□ 异常□	
13	检查泊车辅助开关	正常□ 异常□	
14	检查泊车辅助传感器	正常□ 异常□	

2. 故障范围确认

3. 诊断步骤（请写出详细操作步骤及测量数据，若需要，请画出相应原理图。采用万用表、示波器、诊断仪检测可参照下面的表格书写，示波器测量可以单独画出波形）

测试对象	测试条件	测试设备	测试结果		结果分析
			标准值	实测值	

控制原理图：

（续）

五、排除故障	
1. 诊断结果及故障机理分析	
2. 故障处理及验证	

三、分组演讲与讨论环节

分组总结并分享故障排查过程与心得，其他小组对检查过程不合理的地方提出改进意见。指导老师在最后进行总结点评，加深学生对检测方法、诊断思路、类似故障特点的印象。

任务六　夜视系统工作不正常

复习题

1. 夜视系统分为_____系统和_____系统。
2. 夜视系统使用_____或_____来识别图像。
3. 当夜视系统识别出行人，会进行_____和_____警示。
4. 当环境温度达到_____℃时夜视系统无法正常工作。
5. 夜视系统的功用是什么？它主要由哪些元件组成？

6. 夜视系统不能正常工作的可能原因有哪些，夜视系统在哪些情况下会自动关闭？

7. 夜视系统在什么情况下需要重新校准夜视摄像机？

任务七 动态转向系统工作不正常

复习题

1. 动态转向是在原转向系统的基础上_____一套转向助力系统,它可以改变转向_____。
2. 动态转向系统在低速转向时可以帮助驾驶员_____角度,在高速转向时可以_____驾驶员转向盘角度。
3. 动态转向系统_____激活,它在车辆正常使用过程中自动参与工作。
4. 动态转向可以对_____、_____和_____工况进行辅助支持。
5. 动态转向系统的功用是什么?它主要由哪些元件组成?

6. 动态转向系统不能正常工作的可能原因有哪些?本节案例是由什么原因导致的?

7. 动态转向系统在什么情况下需要重新校准?

项目五　信息娱乐系统常见故障诊断与检测

任务一　收音机系统工作不正常

一、复习题

1. 收音机可以实时接收_____和_____信息，所以是汽车必不可少的配置。
2. 收音机信号接收方式有_____、_____和_____。
3. _____信号传输距离长，_____信号传输的音质好。
4. 扬声器受_____控制，根据不同车型配置_____可以集成功放。
5. 收音机的主要功用是什么？它主要由哪些元件组成？

6. 收音机电台有杂音的可能原因有哪些？本节案例是由什么原因导致的？

7. 调频信号有什么特点？

二、技能训练

任务一　收音机系统工作不正常

一、车辆信息记录

品牌		整车型号		生产日期	
发动机型号		变速器型号		行驶里程	
车辆识别码					

（续）

二、工具设备	

三、实施功能检查，确认故障现象，推断故障范围

1. 故障描述，实施功能检查，确认故障现象	
2. 根据故障现象，判断可能原因	

四、诊断分析

1. 诊断流程（若发现问题，则确定故障范围，进入诊断步骤进行诊断）

检测流程		检查项目	结果判定	说明
收音机无法开机	1	检查收音机供电	正常□ 异常□	
	2	检查收音机搭铁	正常□ 异常□	
	3	检查收音机主控单元	正常□ 异常□	
电台有杂音	4	读取故障码	正常□ 异常□	
	5	根据故障码引导型测试计划排除故障	正常□ 异常□	
	6	检查收音机至天线的线路	正常□ 异常□	
	7	检查收音机天线电阻	正常□ 异常□	
	8	检查天线	正常□ 异常□	

2. 故障范围确认	
3. 诊断步骤	（请写出详细操作步骤及测量数据，若需要，请画出相应原理图。采用万用表、示波器、诊断仪检测可参照下面的表格书写，示波器测量可以单独画出波形）

测试对象	测试条件	测试设备	测试结果		结果分析
			标准值	实测值	

控制原理图：

（续）

五、排除故障	
1. 诊断结果及故障机理分析	
2. 故障处理及验证	

三、分组演讲与讨论环节

分组总结并分享故障排查过程与心得，其他小组对检查过程不合理的地方提出改进意见。指导老师在最后进行总结点评，加深学生对检测方法、诊断思路、类似故障特点的印象。

任务二 音响系统工作不正常

复习题

1. 音响系统故障是指_____或_____。
2. 音响系统可以根据_____或是_____综合控制音响声音大小，使驾乘者始终有一个最佳的听觉感受。
3. 扬声器有杂音的可能原因有_____、_____、_____和_____。
4. 音响系统主要功能有哪些，是否必须是车上一个独立的系统？

5. 音响系统没有声音输出可能原因有哪些？本节案例是由什么原因导致的？

6. 音响系统如何实现声场定位？

任务三 导航系统工作不正常

一、复习题

1. 导航系统是利用卫星进行_____，_____、_____和导航地图进行路径引导的一个辅助系统。
2. 导航系统会受_____、_____和其他电气设备的信号干扰，从而导致系统工作异常。
3. 导航系统必须结合_____，才能提供精准的路径引导。
4. 导航系统主要由_____、_____、_____、_____和来自车载网络的车速信息和转向角度传感器信息组成。
5. 导航系统如何进行推算定位？

6. 导航系统搜索不到卫星的可能原因有哪些？本节案例是由什么原因导致的？

7. 导航定位的影响因素有哪些？

二、技能训练

任务三 导航系统工作不正常

一、车辆信息记录					
品牌		整车型号		生产日期	
发动机型号		变速器型号		行驶里程	
车辆识别码					
二、工具设备					
三、实施功能检查，确认故障现象，推断故障范围					
1. 故障描述，实施功能检查，确认故障现象					
2. 根据故障现象，判断可能原因					

项目五 信息娱乐系统常见故障诊断与检测

（续）

四、诊断分析

1. 诊断流程（若发现问题，则确定故障范围，进入诊断步骤进行诊断）

检测流程	检查项目	结果判定	说明
1	重启导航搜索卫星	正常□ 异常□	
2	尝试用手机是否可以搜索到卫星，检查信号干扰	正常□ 异常□	
3	读取故障码	正常□ 异常□	
4	根据故障码排除故障	正常□ 异常□	
5	进行导航天线测试计划	正常□ 异常□	
6	检查天线功能	正常□ 异常□	
7	检查导航主机	正常□ 异常□	
8	重新安装导航地图	正常□ 异常□	

2. 故障范围确认

3. 诊断步骤　（请写出详细操作步骤及测量数据，若需要，请画出相应原理图。采用万用表、示波器、诊断仪检测可参照下面的表格书写，示波器测量可以单独画出波形）

测试对象	测试条件	测试设备	测试结果		结果分析
			标准值	实测值	

控制原理图：

五、排除故障

1. 诊断结果及故障机理分析	
2. 故障处理及验证	

三、分组演讲与讨论环节

分组总结并分享故障排查过程与心得，其他小组对检查过程不合理的地方提出改进意见。指导老师在最后进行总结点评，加深学生对检测方法、诊断思路、类似故障特点的印象。

任务四 信息娱乐系统无法开机

复习题

1. _____总线是一种用于多媒体数据传输的网络系统。
2. MOST总线最大的特点是环形结构，当其中任一个控制单元存在_____或_____故障时整个信息娱乐系统无法进行通信。
3. MOST收发机由_____和_____两个部件组成。
4. MOST总线环路中断的影响有_____和_____播放中止。
5. MOST如何进行光纤环路诊断？

6. 导致信息娱乐系统无法开机的原因有哪些？本节案例是由什么原因导致的？

7. MOST总线有几种工作模式？